아시아물류서비스 :
분석과 전망

장태구 · 박희대 공저

대구대학교출판부

아시아물류서비스 : 분석과 전망

국립중앙도서관 출판시도서목록(CIP)

아시아물류서비스 : 분석과 전망 / 장태구, 박희대 공저. --
경산 : 대구대학교출판부, 2008
p. ; cm

325.77-KDC4
658.78-DDC21 CIP2008000346

머리말

한국과 중국, 일본, 극동러시아, 동남아시아 그리고 인도를 포함하는 아시아 경제권은 그 위세를 더욱 크게 떨치고 있으며 이미 미주나 유럽의 영향을 크게 받지 않고 있다는 논리도 등장하고 있다. 한국이 동북아시아 물류 허브를 꿈꾸며 준비해 가고 있는 상황에서 아시아 지역의 물류 현황을 분석해 보는 것은 시기적으로 늦은 감이 없지 않다. 그럼에도 불구하고 항만, 항공, 내륙물류를 아시아 지역별, 혹은 국가별로 진단해 보는 것이야 말로 한국 경제가 세계로 더욱 지출해 나가야 하는 시점에서 시의적절하다고 본다.

이미 한국은 중국과 일본과의 관계 증진에 많은 노력을 기울여 왔으며, 향후 경제적 의미가 크다고 할 수 있는 극동러시아나 동남아시아 그리고 인도에 진출하는 것이 성장에 큰 보탬이 될 것이다. 물류에 있어서는 뱃길이 무엇보다 물량 처리에 있어서 중요하며, 또 앞으로는 고부가가치 상품을 이동시키는데 있어서 항공물류의 중요성도 더욱 부각되고 있다. 그리고 일본에서 한국과 지나 중국을 통과하여 러시아를 거치거나 혹은 동남아시아와 인도를 거쳐 유럽으로 나가는 내륙물류 노선 구축도 경제의 발전에 큰 역할을 하리라고 본다.

본서는 아시아물류서비스를 분석하고 전망하면서 여러 자료와 책을 참고하였다. 독자들이 일독하면서 한국 경제의 발전에 일익을 담당하기를 기대하며, 저술을 위해 지원해 준 대구대학교에 고마움을 표한다.

목 차

제 2 편 중국의 물류서비스

제 3 편 일본의 물류서비스

제 4 편 극동러시아 물류서비스

제 5 편 인도의 물류서비스

제 6 편 동남아시아 물류서비스

제1편 한국의 물류서비스

제1장 동북아 물류중심

국가의 성장 동력의 하나로서 물류산업은 근래에 들어 그 비중이 더욱 커지고 있는 실정이다. 2006년 한국은 수출 3,254억 6천 5백만 달러, 수입 3,093억 8천 3백만 달러를 기록함으로써 세계 12위의 무역국이 되었다. 그러나 화물의 운송·보관·하역·포장·정보 등 물류활동에 쓰인 한국의 국가물류비는 2004년을 기준으로 92조 4,590억 원으로 2003년도의 90조 3,450억 원보다 약 2.3% 늘어났는데, 이 수치는 2004년의 경우 국내 총생산의 11.9%로 일본의 9.6%(1997년 기준) 및 미국의 9.5%(2001년 기준)에 비해 월등히 높다.

한국의 경우 2003년도의 물류비가 GDP에서 차지하는 비율이 12.5%였던 것을 감안하면, 선진국인 미국이나 일본에 비해 크게 높은 수준으로 물류비 절감을 위한 노력이 한층 요구됨을 알 수 있다.

〈표1-1〉 물류비용 추이

(단위: 조 원. %)

구분		2000	2001	2002	2003	2004
물류시장 규모	국내 (GDP 대비 비중)	77.1 (13.3)	80.3 (13.0)	87.0 (112.7)	90.3 (12.5)	92.5 (11.9)
	국제포함 (GDP 대비 비중)	94.1 (16.3)	99.2 (15.9)	107.0 (15.6)	112.2 (15.5)	123.3 (15.8)

자료: 한국교통연구원, 『2004 국가물류비 산정 및 추이분석』, 2006.

따라서 국가 전체가 부담하는 물류비가 선진국에 비해 높은 수준이므로, 물류부문 전체의 효율화를 이루어 국가물류비를 절감하고 선진국과 대등한 수준의 국가경쟁력을 확보해야 할 것이며 이것은 국가 전체적으로도 매우 중요한 과제라고 할 것이다. 동북아시아 물류허브를 만들기 위한 주변 국가의 공항, 항만, 도로, 철로 등 물류서비스 기반시설 확충이 이루어지고 있으며, 글로벌 물류 기업의 진출이 증대되고 있음도 주목해야 한다.

동북아시아 지역의 경제적 발전은 물류산업에 대한 인식을 새롭게 전환시키게 되었다. 물류산업은 제조업을 지원하는 부수적인 기능을 뛰어넘어 이제는 국부를 창출하고, 국가경쟁력 높이는 원동력으로서 집중적인 육성을 필요로 하는 핵심전략 산업으로 떠오르게 된 것이다.[1]

무역자유화와 기업 활동의 글로벌화에 따라 물동량은 증가하게 되었으며, 동북아시아가 급부상하게 됨에 따라 물류 허

1) 서상범, 국가 물류정책의 추진현황과 전망, 월간교통(통권 제102호), 한국교통연구원. 2006. 8.

브화 전략을 제대로 수행하기 위해서 효율적인 국가 물류시스템을 구축하고, 수준 높은 물류서비스를 제공하는 기술개발 및 전략의 집행이 필요한 실정이다.

한국의 경우에는 국가 차원에서 물류의 선진화 및 고도화를 달성하기 위하여 동북아시아 물류중심 국가의 자리를 확고히 하여, 세계 경쟁력을 확보하고자 새로운 물류정책을 계획, 추진하고 있다. 한국은 1990년대 들어서면서 물류정책을 독립적, 종합적으로 수립하기 시작하였다.[2] 1994년에는 『화물유통기본계획』이 수립하여, 주요 추진과제로는 지역거점 물류시설의 확충, 지역 간 화물수송망 구축, 수송구조의 합리적 개편, 물류시설의 운영효율화, 물류표준화의 추진, 종합물류정보망의 구축, 물류 관련 제도 개선, 국제 물류중심지 역할 강화, 물류기술 혁신, 물류전문인력의 양성 등, 종합적이고 포괄적인 계획을 마련하게 되었다. 수도권과 부산권에 내륙화물기지를 건설하여 운영하게 되었으며, 화물자동차운송업에 대한 시장규제가 면허제에서 등록제로 바뀌었고, 정부 주도로 종합물류정보망을 구축하게 되었고, 물류관리사제도도 도입하게 되었다.

『화물유통기본계획』을 『국가물류기본계획』(2001)으로 변경하였고, 『도시물류기본계획』과 『유통단지종합계획』도 새로이 도입하였다. 주요 물류정책으로 동북아시아 물류중심전략이 등장하였고, 이어서 2003년에 주요 국정과제의 하나로 선정되어 추진되었으며, 이제는 물류가 국가 생존전략의 하나로 추진되

2) 1990년대 이전에는 물류라는 용어가 일반적으로 기업경영과 관련하여 사용되었고, 국가 차원의 과제로는 전반적인 물류정책보다는 주로 화물자동차운수산업과 관련된 정책 위주로 추진되었다.

고 있다. 물류정책의 중요한 목표 중의 하나로서는 물류 서비스를 포함하여 물류산업 전반을 효율화하고, 그에 따른 효과로 지역경제와 국가경제를 발전시키고자 함에 있다. 그러나 지역 간 화물운송의 흐름이 비효율적이 되거나 병목현상이 나타나게 되면 국가 전체적으로 생산성이나 성장에 부정적인 영향을 미치지 않을 수 없게 된다.

한국 상품의 경쟁력 제고와 지역의 균형적인 발전을 위해서는 물류산업의 효율화는 필수불가결한 요소가 되었다. 지역 상품의 경쟁력을 강화하기 위해서 물류비를 절감시켜서 시장을 확대해야 할 것이며, 또 물류비 하락은 경쟁을 촉진시켜서 물가를 안정시키게 된다. 물류비가 하락하여 시장이 확대되면, 생산에 있어서는 규모의 경제를 가능하게 함으로써 보다 싼 값으로 많은 양을 판매할 수 있다.

결과적으로 물류산업이 효율화되면 산업의 경쟁력이 강화되고, 나아가서 한국 상품의 국제경쟁력을 높이게 될 것이다. 그러므로 개별 기업이 비용을 절감하고 경쟁력을 높이기 위해서 다양한 물류서비스 개선 활동을 하는 것이 이제는 필수적이다. 또한 국가 정책적 차원에서는 교통 및 정보인프라 구축과 각종 규제를 완화함으로써 기업물류비를 절감시키기 위한 노력을 기울여야 할 것이다. 그러므로 나라 전체의 경쟁력을 높이고, 경제성장을 견인하는 적극적인 차원에서 물류정책을 추진해야 할 것이다.

한국의 경우 물류정책은 국정과제로 선정된 동북아 물류중심전략과 『국가물류기본계획』과 같은 계획의 틀 속에 포함시켜 국가물류정책을 효율적으로 추진하고 있다.

물류중심지 전략은 해운물동량의 증가함으로써 환적화물 유치를 주된 내용으로 하는 화물운송센터 개념에서 시작하여, 항만 배후에서 부가가치 물류기능을 수행하는 지역물류센터의 개념으로 발전시켰고, 나아가서 항공화물 등을 포함하는 물류중심지화 전략으로 발전하게 되었다.

물류중심지는 세계 주요 항로에 위치한 여러 거점 중의 하나로서 주변의 화물이 모이고 배분되며, 나아가서 공·항만의 배후지역에서 조립·가공·라벨링·포장 등 물류활동을 통해 물류비를 절감할 뿐만 아니라 제품원가까지 낮추는 고부가가치 물류서비스를 역내 기업에 제공하는 지역을 일컫는다.

한국 정부는 동북아시아경제권과 연결하는 국제물류 네트워크를 구축함으로써 인천공항, 부산항, 광양항 등을 주변지역에 고부가가치 물류서비스를 제공하는 거점으로 육성시키려고 한다. 인천공항, 부산항, 광양항 등은 세계적인 간선항로상에 위치해 있어서 허브항의 역할을 하고 있다. 특히 신설 항만인 광양항을 제외하면 부산항은 환적물량이 40%에 이르고 있고, 인천공항은 47%의 역내 화물을 전 세계에 연결해 주고 있다.

그러나 동북아시아 물류허브는 환적기지 역할에서 한걸음 더 나아가, 예를 들면 일본에서 제품을 수입하여 부산·광양항 배후물류단지에서 집하한 뒤에 일본의 주요 지역별로 재분류·포장한 다음, 피더선(Feeder)으로 일본의 소항만으로 배송함으로써 일본의 비싼 내륙수송비용을 절감하는 역할도 담당하고 있다. 고부가가치 물류서비스를 주변 나라에 제공함으로써 유럽의 로테르담·함부르크, 동남아지역의 홍콩·싱가폴과 같은 지역물류거점으로서의 역할을 담당하게 된다.

한국은 물류부문의 발전 가능성이 상당하고, 지경학적인 입지가 양호한 동시에, 경쟁력 있는 물류인프라와 국제운송업체들이 위치하고 있어서 동북아시아지역에서 물류중심지로의 발전 가능성이 크다.

제2장 한국의 항만물류

1. 동아시아의 항만

동아시아에서는 1970년대 이후 컨테이너화가 본격적으로 시행되면서 역동적인 변화를 거듭해온 것이 사실이다.

동아시아에서 선두주자는 일본이었다고 해도 과언이 아닐 것이다. 해운과 항만에서 일본은 월등히 앞서고 있었으며, 통계수치면에서도 일본은 아시아 1위를 차지하고 있었다. 그렇지만 1970년대 후반에 들어서면서 상황에 변화가 오기 시작하였다. 그것은 한국, 대만, 홍콩, 싱가포르가 차세대 주자로 부각되기 시작한 것이다.

예를 들어 1990년대 초에는 싱가포르항이 컨테이너 취급 실적에서 세계 1위를 기록하고, 또 홍콩이 급부상하기 시작하였다. 이후 홍콩과 싱가포르는 세계 1위 항만 자리를 놓고 서로 경쟁을 하고 있다.

그러나 싱가포르나 홍콩은 똑같이 도시국가로서 자체 물동량이 그리 많지는 않은 편이다. 그럼에도 불구하고 이들 항만이 물동량에서 세계 1, 2위를 점하는 것은 다름 아닌 T/S(Trans-Shipment: 환적) 화물이 많기 때문이다. 싱가포르항만의 경우에 동남아시아 여러 나라의 화물을 T/S하면서 동남아시아 지역의 물류중심으로 자리 잡았으며, 홍콩 또한 1980년대 후반부터 중국의 개혁·개방으로 인해 중국의 화남경제권을 중심으로 심천(深圳)경제특구의 T/S항으로 급부상하게 된 결과이다. 그 결과로 일본항만들은 세계 10위 밖으로 밀려나게 되었고 아시아에서는 오히려 대만의 카오슝항, 한국의 부산항 등이 부상하게 되었다.

중국이 개혁·개방을 가속화하고 그 성과가 가시화되면서 두드러진 현상은 부산항과 상해항의 급부상이라고 할 것이다. 중국의 상해항은 1990년대 중반에 세계 20위권 컨테이너항으로 진입하였고 그 후 매년 순위가 2-3단계씩 올라가면서 부산항을 뛰어넘어 세계 3위로 급부상하게 되었다. 그 결과 세계 3위의 컨테이너 취급항이었던 부산항이 급기야 5위로 밀려나고 말았다. 그러는 사이에 중국의 심천항은 세계 4위의 항구로 부상하게 된 것이다.

세계에서 1위부터 6위까지의 컨테이너 취급항만을 2006년 기중으로 살펴보면 싱가포르, 홍콩, 상해, 심천, 부산, 카오슝항으로 순서가 매겨지고, 그리고 중국의 칭타오(靑島)항과 닝보(寧波)항이 세계 10위권의 항만으로 진입할 것으로 예견된다. 따라서 동아시아에 위치한 8개항이 세계 10대항을 점하는 현상이 나타날 것이다. 그러나 일본의 항만은 세계 20위권 밖으로 밀려나게 됨에 따라 동아시아 중심시대의 부상에서 예외로 자리잡는 현상이 드러나고 있다.

일본 항만이 상대적으로 퇴조하는 이런 현상의 원인으로는, 인건비의 상승으로 인한 경쟁력의 약화에 있다. 세계경제는 2차 대전 이후에 자본과 기술의 이전이 자유롭게 되었으나, 인건비는 경제발전 정도에 따라 지역별, 국가별로 큰 차이를 노정하고 있다. 따라서 경공업제품을 중심으로 소비재의 생산에 있어서는, 인건비가 저렴한 지역으로 자본과 기술이 이동하여 공장을 설립하고, 생산하여 수출하는 구조로 바뀌었다. 한국, 대만, 홍콩, 싱가포르에 1960-70년대에 이러한 산업이전이 이루어져 공장이 건립되었다. 그러나 1980년대에는 이 4개 국가의 인건비가 상승하게 되자 특별히 ASEAN 국가들이 새롭게 두각을 나타내게 되었다. 따라서 동남아시아 경제가 부상하게 됨이 따라 이들 지역을 오가는 화물의 환적항으로 싱가포르항이 부상하게 된 것이다. 그러나 중국이 사회주의 경제체제에서 자본주의 체제로 전환을 꾀하게 됨에 따라 저임금을 무기로 세계 경제에 편입됨에 따라 세계 1위의 자리를 넘보게 된 것이다.

이러한 오픈된 세계 경제체제하에서 또 하나의 특징은 이웃한 항만간의 경쟁이라고 할 것이다. 즉 항만 간 경쟁은 한 지역 안에 공존하였던 많은 항만들 중 1-2개의 항만만 살아남게 되고 나머지 항만들은 쇠퇴할 수 밖에 없는 상황이었지만, 성장하는 항만의 바로 이웃에 새로운 항만을 건설함으로써 기존의 거대 항만과 첨예한 경쟁을 하게 것이다. 그 예로 싱가포르 항만과 탄중 팔레파스항, 홍콩항과 심천항, 상해항과 닝보항, 또한 황해경제권 안에서의 칭다오 항, 일본의 수퍼중추항만 육성계획과 북구주항의 히비끼나다 컨테이너항만의 개발 등이 그것이다.

싱가포르항은 지경학적인 위치와 도시국가의 특성을 이용한 컨테이너 환적항으로 세계 1, 2위 자리를 놓고 홍콩과 경쟁하고 있는 형편이다. 무엇보다 싱가포르항이 세계 톱 항만으로 부상한 가장 큰 이유하고 할 것은 그것의 지경학적인 위치 때문이다. 그렇지만 싱가포르 경제가 발전하게 됨에 따라 인건비와 물건비가 상승하게 되고, 따라서 항만이용료도 상당한 수준으로 높아지게 되었다. 그 결과 싱가포르와 지경학적인 면에서 비슷한 해안선 조건을 지닌 말레이시아는 싱가포르와 필적하는 항만을 건설하고 싱가포르항의 물동량을 나누어 가지게 되었다. 싱가포르항과 거의 같은 지경학적인 조건을 가진 말레이시아의 해안선에 탄중 팔레파스항을 건설하고 저렴한 항만이용료를 부과함으로써 세계 유수의 대형 컨테이너 선사를 유치함으로써 새로운 항만으로 부상하게 된 것이다.

싱가포르 항만에서 탄중 팔레파스항으로 옮겨간 선사는 세계 최대의 컨테이너선사인 Maersk와 Evergreen이 있다. 최근에 Maersk가 P&O Nedlloyd를 인수하였으므로 곧 P&O Nedlloyd도 싱가포르를 떠나 탄중 팔레파스항으로 이전할 것이 확실시 된다. 탄중 팔레파스항의 성공요인으로는 첫째, 말레이시아가 경제발전이 싱가포르보다 늦었던 관계로 인건비를 비롯한 모든 비용이 저렴하여 싱가포르보다 낮은 항만이용료를 제시할 수 있고 둘째, 항만 개발에 세계 최대의 컨테이너선사인 Maersk가 자본을 가지고 참여하였으며, 셋째 Maersk의 항만운영에 관한 Know-how를 받아들여 싱가포르항과 같은 서비스를 제공하게 된 점 등이다.

싱가포르항과 탄중 팔레파스항 간의 관계와 같은 현상이 홍콩항과 심천항 사이에서도 일어났다. 사실 홍콩항이 세계 제1의 컨테이너 취급항만으로 부상할 수 있었던 것은 중국 화남경제권의 발전에 따른 심천경제특구의 수출입화물의 환적항 역할을 하게 된 것이기 때문이다. 사실 홍콩항은 1990년대 초에 중국으로의 반환됨으로써, 물동량의 증가를 흡수할 컨테이너 항만의 개발 및 확장을 하지 못하게 됨에 따라 항만이 혼잡을 피할 수 없게 되었다.

그리고 중국 경제의 급부상함으로써 창구역할을 하는 홍콩의 경제가 전반적으로 활성화되고, 더불어 도시국가의 지역적인 한계가 있고 컨테이너항만의 개발용지도 부족한 실정이고, 더구나 금융과 무역을 중심의 산업이 상대적으로 크게 발전하게 됨에 따라 컨테이너의 환적과 같은 물류 산업은 차선책으로 밀려나게 되었다. 이런 상황을 이용하여 심천항은 홍콩항의 화물 환적에만 의존하지 않고, 심천항의 펄 하버(진주만)의 연안에 대형 항만시설을 구축함으로써, 대형 선박도 유치할 수 있었고, 결과적으로 심천항은 상해항에 이어 세계 제4위의 항만으로 부상하였다. 그리고 결과적으로는 홍콩항의 컨테이너 취급량 증가율이 크게 둔화되고 말았다.

특히 1990년대 중반부터 이런 변화는 점차 나타나기 시작하였는데, 홍콩 최대의 컨테이너 터미널 오퍼레이터인 Hutcheson 사는 이러한 추세를 충분히 예견하고 홍콩항에서 이적하는 컨테이너를 잡기보다 심천항의 대대적인 컨테이너 터미널 개발 사업에 참여하여, 홍콩으로 들어올 예정이던 컨테이너를 심천항에서 직접 취급하게 되었다.

상해항은 양자강 유역의 경제를 배후 경제권으로 하여 세계 3위로 급부상하였는데, 1990년대 중반 이후 급속한 발달을 지속하고 있다. 그렇지만 상해항은 양자강에서 유입되는 황토물이 해양으로 들어와 해수와 섞이면서 응고하고 바닥에 가라앉는 자연현상으로 인해, 항로와 항내 수심을 일정 깊이 이상

유지하기 어려운 점이 있다.

즉 상해항이 Hub항이 되는 데는 한계가 있다는 것이 전문가들의 견해가 제시되었고, 그 결과 상해항보다는 인근에 있는 닝보항을 개발하는 것이 보다 좋은 대안이라는 의견이 도출되었다. 그렇지만 중국 정부는 이러한 전문가들의 의견을 제쳐놓고 계속 상해항의 개발을 시도하였으며, 더구나 심수항인 양산 터미널을 건설하여 개장하였다. 중국 당국이 전문가들의 의견을 배제하고 상해항의 개발을 지속하며, 양산 터미널을 새로 건설하는 지에 대한 이유가 명확하지는 않다. 그러나 추측컨대 그간 중국 지도부의 구성멤버들이 상해출신들이어서 상해의 발전을 간절히 바랬기 때문에, 무리하면서도 상해항의 개발을 강행한 것이라는 의견이 대두되었다.

그렇지만 최근 몇 년 사이에 중국의 지도부의 교체가 진행되면서 상해 출신들의 퇴조가 뚜렷해지고, 지방자치 단체의 발언권이 강화되면서 지방정부가 항만 개발의 전면에 나서는 현상이 나타났다. 즉 닝보항을 관할하는 절강성과 닝보시가 중앙정부의 지원 없이 닝보항의 컨테이너 터미널 건설에 적극 나선 것이다. 그 결과 닝보항이 새로운 컨테이너 취급항만으로 급부상하게 되었으며, 상해의 양산 터미널과 닝보항간의 컨테이너 유치경쟁이 치열하게 전개될 것으로 보인다. 한국의 부산항과 광양항의 관계가 이 두 항만간의 관계와 비슷한 양상을 띠지 않을까 추측되기도 한다. 따라서 정부와 지방자치단체 그리고 민간의 역할에 대한 효율성을 점검할 필요가 있으며 시의 적절한 항만 개발 정책이 요구된다고 하겠다.

2. 환 황해경제권 Hub항

1990년대 초부터 환 황해경제권이 주목을 받기 시작한 현상으로는, 중국의 인프라 부족, 동북아시아 Hub항 문제 제기, 중국의 개혁·개방 정책이 북상하는 등을 들 수 있다. 그렇지만 경제발전에 필수요소인 사회간접자본의 개발은 제대로 수행되지 않은 상태였으므로 경제발전에 따른 물동량을 감당하기에는 여러 가지 문제점을 안고 있었다. 첫째 환황해경제권의 중국연안에는 칭따오항, 톈진항, 따아롄항 등 많은 항구가 있다고 하겠으나, 2차 대전 전의 상태에서 더 이상 개발이 진전되지 않았고, 둘째 환 황해경제권의 중국연안의 항만들이 다 같이 태평양의 주 항로로부터 황해 깊숙이 들어와 있기 때문에 기항에 적지 않은 시간이 추가로 소요되며, 셋째 경제개발 초기에 컨테이너 모선이 기항할만한 물동량이 없는 실정이어서 중국 바깥의 Hub항에서 피더(Feeder)선으로 중국의 항구로 연결하는 실정이었다.

따라서 전문가들은 일찍이 중국의 황해연안 항만 중 지리적으로 가깝고 컨테이너 처리에 필요한 하드웨어와 소프트웨어를 두루 갖춘 부산항이 동북아시아의 Hub항으로 부상할 가능성이 크다고 보았다. 실제로 부산항은 1986년에 컨테이너 취급순위 면에서 처음으로 세계 10위권 안으로 진입한 뒤, 1991년에 5위로 뛰어올랐으며, 2000년에는 세계 3위로 다시 부상하였다. 그러나 2003년에는 상해와 심천항이 3, 4위로 부상하게 됨에 따라 5위로 밀려나고 말았다.

일본은 태평양 연안의 3대만(동경만, 이세만, 대판만)에 5개 컨테이너 취급항만(東京港, 横浜港, 名古屋港, 大阪港, 神戸港)을 발전시켰다. 세계 제2의 경제대국인 일본은 1980년대까지만 해도 3,000TEU급 선박이 주축이었던 관계로 컨테이너 5대항 체제는 잘 운영되어 왔다고 보겠다. 그렇지만 1990년대 이후에는 한국, 대만, 홍콩, 싱카포르에 이어 중국이 거대한 경제주체로 부상함으로써 일본의 경제적인 위상도 상대적으로 위축되었고, 컨테이너 모선의 규모가 1만TEU로 커지면서 기항할 수 있는 항만의 숫자가 줄어들게 되었다.

따라서 일본은 두 가지 새로운 항만정책을 시행하고 있는데, 곧 수퍼중추항만 육성계획과 북구주항에 초현대식 컨테이너 터미널의 건설하는 정책이다. 수퍼중추항만은 첫째 8,000TEU급 이상이 되는 차세대 컨테이너선을 수용할 수 있는 부두를 건설하기 위하여 항만을 통합하는 것이고, 둘째 항만서비스 수준과 항만이용료를 경쟁국 수준으로 개선하기 위해서 특별 처방을 하자는 것이다. 수퍼중추항만으로는 동경만과 이세만과 대판만을 선정하였는데, 처음 계획대로의 성과를 거둘 수 있을는지는 미지수이다. 북구주항의 히비끼 터미널 계획은 일본 전체와 동북아시아 경제권 모두를 커버할 수 있는 지경학적인 위치에, 예견 가능한 대형 컨테이너모선이 접안할 수 있는 초현대식 터미널을 건설하고자 하는 것이다.

다수의 중국 황해연안의 항만들의 급부상하고 있는 실정이다. 예를 들어 칭따오항은 세계 10위권 항만이 될 것이 확실시 되고 있으며, 중국의 다른 3-4개항만도 세계적 규모로 부상하고 있다. 그 이유로는 첫째 하드웨어의 부족은 점차 해결되고 있으며, 둘째 선사들이 모선 기항을 검토할 정도로 경제가 급속하게 발전하게 됨에 따라 물동량은 충분하기 때문이다.

따라서 칭따오 등 중국 황해 연안의 3-4개항, 한국의 부산항과 광양항, 그리고 인천항과 평택항, 일본의 북구주항 등이 동북아시아의 Hub항 자리를 놓고 경쟁하고 있다. 부산항과 광양항이 동북아시아의 Hub항으로 자리 잡기 위해서는 한국이 동북아시아의 경제 중심 역할을 하기 위하여 경제 성장이 꾸준히 지속되는 것이 필요조건이라고 할 것이다.

3. 한국의 항만물류

'제2차(2006~2011) 전국 항만 기본계획 수정계획(무역항)'[3]을 참고해 보면 한국 항만의 현황과 실태를 살펴볼 수 있다.

1) 한국 항만의 현황과 실태

(1) 시설현황 (2005년 기준)

① 해안선 / 외곽시설

○ 해안선 연장 11,914km / 방파제 67,036m

② 접안시설

○ 안 벽 118,230m, 물양장 58,246m, 잔교 142기

③ 접안능력

○ 접안능력 : 675선석('06. 해양수산통계연보 기준)

- 인천항 81, 평택 · 당진항 20, 대산항 20, 태안항 2, 보령

---

3) 해양수산부, 2006. 12.

항 2, 장항항 3, 군산항 31, 목포항 27, 완도항 4, 제주항 18, 서귀포항 5, 여수항 8, 광양항 74, 삼천포항 9, 통영항 7, 고현항 3, 옥포항 1, 장승포항 0, 마산항 30, 진해항 9, 부산항 141, 울산항 96, 포항항 44, 삼척항 7, 동해항 15, 묵호항 6, 옥계항 5, 속초항 7

〈그림1-1〉 한국 항만의 시설소요 물동량 및 하역능력 변화추이

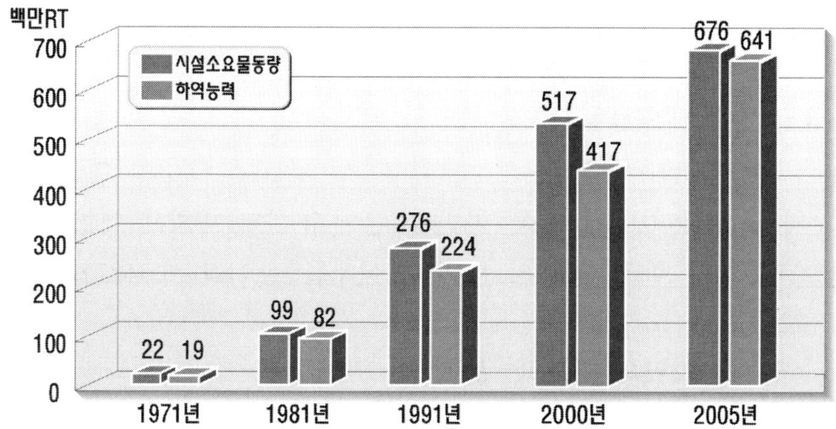

자료: 제2차(2006~2011) 전국 항만 기본계획 수정계획(무역항), 해양수산부, 2006. 12.

④ 하역능력 (단위 : 백만RT/년)

○ 하역능력 : 641 (처리화물량 : 984)

- 인천항 73, 평택 · 당진항 17, 대산항 9, 태안항 11, 보령항 11, 장항항 2, 군산항 17, 목포항 13, 완도항 0, 제주항 3, 서귀포항 1, 여수항 3, 광양항 138, 삼천포항 19, 통영항 0, 고현항 2, 옥포항 1, 장승포항 0, 마산항 20,

진해항 3, 부산항 143, 울산항 52, 포항항 47, 삼척항 9, 동해항 30, 묵호항 6, 옥계항 10, 속초항 1

(2) 항만물동량 현황

① 전국 항만물동량 증가추이

○ 전국 항만물동량은 1970년에는 4천만톤을 약간 상회하였으나, 2005년에는 9억 8,453만톤으로 약 25배 증가하여 연평균 9.6%의 성장률 시현

○ 산업구조의 고도화와 더불어 총 항만물동량은 증가하였으나 증가율은 감소추세

- 즉, 1970년대 11.8%, 1980년대 10.2%, 1990년대 9.5%, 2000년대 2.8%의 연평균증가율을 보임

○ 한국의 총 수입물동량은 1970년에는 1,870만톤이었으나, 2005년에는 4억 5,685만톤으로 약 24배 증가하여 연평균 9.6%의 성장률 시현

- 1960년대에 시작한 경제개발계획의 영향으로 1970년대에는 14.3%의 증가율을 보였으나, 산업구조의 고도화로 1980년대 이후에는 10% 이하로 감소

- 향후 경제발전에 따라 산업구조가 고부가가치 및 기술집약적 산업부문 중심으로 고도화되어 나감에 따라 총 수입물동량의 증가추세는 더욱 완만해질 것으로 전망

○ 한국의 총 수출물동량은 1970년에는 359만톤에 불과하였으나, 2005년에는 1억 8,565만톤으로 약 52배 증가하여 연평균 11.9%의 성장률 시현

- 수출물동량의 증가세가 수입물동량 증가세보다 다소 높

게 나타남

○ 한국의 총 연안물동량은 1970년에는 2,102만톤에 불과하였으나, 2005년에는 2억 2,809만톤으로 약 9.9배 증가하여 연평균 7.0%의 성장률 시현

- 연안물동량 증가율은 외항물동량(수출입 및 환적물동량)에 비하여 낮은 증가율을 보임

〈표1-2〉 한국의 항만물동량 추이

(단위 : 천RT)

구분	1970	1980	1990	2000	2001	2002	2003
수입	18,695	71,353	172,277	396,271	401,735	419,439	427,110
수출	3,589	22,682	47,505	150,778	152,526	150,661	159,162
연안	21,020	37,703	127,830	263,980	275,175	276,592	283,425
환적	-	-	719	45,101	56,776	70,584	87,153
합계	**43,304**	**131,738**	**348,331**	**856,130**	**886,212**	**917,275**	**956,851**

구분	2004	2005	연평균증가율(%)			
			'70～'80	'80～'90	'90～'00	'00～'05
수입	453,962	456,850	14.3	9.2	8.7	2.9
수출	179,810	185,650	20.2	7.7	12.2	4.2
연안	221,341	228,086	6.0	13.0	7.7	-2.9
환적	111,293	113,947	-	-	51.3	20.4
합계	**966,407**	**984,534**	**11.8**	**10.2**	**9.5**	**2.8**

자료 : 해양수산부, 「해양수산통계연보」, 각년호

〈표1-3〉 한국의 컨테이너 항만물동량 추이

(단위 : 천TEU, %)

구 분	1981	1999	2000	2001	2002
수 입	360	2,852	4,428	3,306	3,645
수 출	464	2,895	3,225	3,285	3,710
소 계	824	5,747	7,653	6,591	7,355
환 적	-	862	1,265	3,111	4,205
연 안	-	295	274	289	330
합 계	**824**	**6,904**	**9,191**	**9,990**	**11,890**

구 분	2003	2004	2005	연평균증가율	
				'81-'01	'01-'05
수 입	4,110	4,518	4,727	11.7	9.4
수 출	4,072	4,506	4,684	10.3	9.3
소 계	8,182	9,024	9,411	11.0	9.3
환 적	4,509	5,159	5,533	-	15.5
연 안	404	340	272	-	-1.5
합 계	**13,185**	**14,524**	**15,216**	**13.3**	**11.1**

자료 : 해양수산부, 「해양수산통계연보」, 각년호.

② 한국의 컨테이너 항만물동량 증가추이

○ 한국의 환적물동량은 1980년대 후반부터 발생하기 시작하여 1990년까지만 해도 72만톤에 불과하였으나, 2005년에는 1억1,395만톤으로 1990~2005년 중 약 158배 증가하여 그동안 연평균 40.2%의 성장률 시현

- 환적물동량의 증가는 대중국 및 대일본 컨테이너 환적물동량의 증가에 기인
- 환적물동량의 높은 증가세는 우리나라의 동북아 물류중

심기능 강화에 따른 것으로 해석

○ 컨테이너물동량도 1981~2001년 사이 연평균 13.3% 증가하였으며, 2001~2005년 사이는 연평균 11.1%의 증가율을 보임

2) 한국의 항만 개발계획

(1) 권역별 거점 항만개발

○ 중심항만과 연안거점항만간의 효율적인 컨테이너 유통망 구축
  - 인천, 평택・당진, 대산, 군산, 목포, 마산, 울산, 포항항

○ 전국을 국토종합계획 수정계획과 연계 6대 권역별로 거점 항만 개발
  - 수도권 : 인천항, 평택・당진항
    - ・수도권 관문항・대중국 교역기지 역할 담당
    - ・대중국 교역기지 중심항, 수도권 분담 및 중부권 중심항 개발
  - 중부권 : 군장항, 대산항, 태안항, 보령항
    - ・서해 중부권 관문항, 군・장 산업단지 지원
    - ・서해 중부권의 수송거점 역할 담당
  - 서남권 : 목포항, 광양항
    - ・대중국화물 처리 및 서남권 산업단지 지원
    - ・부산항과 양항체제 구축, 국제물류 및 무역의 중심역할
  - 동남권 : 부산항, 포항항, 울산항
    - ・국제물류 및 무역의 중심역할, 광양항과 양항체제 구축

· 동남권 산업단지 지원 및 북방교역 역할 담당
- 태백권 : 동해항, 속초항
  · 대북방교역 거점 및 관광 지원
- 제주권 : 제주항, 서귀포항
  · 관광 및 제주도내 일반화물 처리 지원

(2) 친수성 항만 공간 조성

○ 항만과 도시가 조화된 쾌적하고 친화적인 항만 공간 창출
- 기존의 항만화물 유통을 위한 폐쇄공간에서 도시민이 가까이 할 수 있는 친수공간으로 정비
- 해양공원 및 녹지, 마리나 시설, Waterfront 공간조성 등

○ 연안 및 국제여객부두 시설의 확충 및 현대화
- 도서지역 주민 및 관광객 편의 증진

4. 한국의 항만물류 전망

○ 한국의 항만물동량은 2005년 984백만RT를 기록하였고, 2020년에는 약 1,880백만RT로 예상되어 연평균 4.4% 정도 증가할 것으로 예상하고 있음.

○ 항만물동량의 증가율은 점차 감소하여 2005~2011년 기간 동안 연평균 6.1%, 2011~2015년 기간에는 연평균 3.5%, 2015~2020년 기간에는 연평균 3.2% 증가가 전망됨.

○ 한국의 컨테이너 물동량은 2005년 15백만TEU를 기록하였고, 2020년에는 약 4,741만TEU를 예상함으로 연평

균 8.0%씩 증가할 것으로 예상됨.

○ 컨테이너 물동량의 증가율은 점차 감소하여 2005~2011년 기간 동안 연평균 10.1%, 2011~2015년 기간에는 연평균 7.1%, 2015~2020년 기간에는 연평균 5.9% 증가할 것으로 전망하고 있음.

국내 경제여건의 성숙과 중국을 중심으로 하는 동북아시아 해상물류환경의 변화 등으로 항만개발여건은 급격하게 변화하고 있는 실정이다. 항만개발정책에서도 변화가 모색되고 있는 이유는 변화가 매우 급진적이면서 중장기적으로 지속될 것으로 전망되기 때문이다.

따라서 항만클러스터 활성화시켜 고부가가치를 창출해야 할 것이다. 수출입 화물, 환적 화물 등의 증대에 따라 한국의 항만은 크게 성장해 왔지만 수출입 화물은 국내 경제구조의 고도화와 기업의 해외진출 및 경제성장의 하향안정화 추세 등으로 증가추세가 둔화되었으며, 환적화물은 동북아시아 항만간의 치열한 경쟁으로 대외여건의 불확실하게 되었다.

그러므로 동북아시아 중심항만 건설을 위하여 선석을 위주로 하는 양적 개발정책에서 항만의 전반적 경쟁력을 강화하고 보다 높은 부가가치를 창출할 수 있도록 하는 질적 전략으로의 전환이 필요하게 되었다. 따라서 해양수산부에서는 항만배후단지를 종합적으로 개발하고 고부가가치 환적화물을 적극적으로 유치하는 전략을 수립, 추진하고 있다. 특별히 동북아시아 허브항으로 육성중인 부산항, 광양항은 배후단지와 연계함으로써 싱가포르항, 로테르담항과 같은 고부가가치 창출형 항만으로 육성해나갈 방침이다.

항만배후단지에서는 환적화물의 조립, 재가공, 라벨링 등의 업무를 감당함으로써 항만의 부가가치를 극대화하고, 항만배후의 산업단지와 연결하여 고용창출, 외자유치 및 지역경제 활성화 등에 크게 기여할 수 있다. 예를 들어 로테르담항은 PIC(Port Industrial Complex, 항만산업단지)의 활성화로 네덜란드 전체 GDP의 12%(245억달러, 2003년)를 창출하고 있는 실정이다. 이런 선진항만의 예를 Bench-Marking하면서, 배후산업단지의 기능과 연계하여 항만배후단지에 기업을 전략적으로 유치하고, 관련부처, 지자체 등과 협의를 함으로ㅅ써 항만, 항만배후단지 및 배후산업단지가 유기적으로 결합된 항만클러스터를 활성화시켜 나가야 할 것이다.

그리고 무엇보다 항만공간을 다목적으로 활용하는 방안을 찾아야 한다. 부산항 북항 재개발 등 항만재개발 사업과 더불어 준설토 투기장에 대한 효율적 활용 등이 본격 추진되어야 하며, 해양관광인프라 확충하기 위하여 Cruise 터미널, Marina 등의 시설을 위한 체계적인 개발을 하고 있다.

선박대형화, 항만시설의 첨단화 등에 따라 노후항만 재개발에 대한 수요가 증가하고 있는데, 항만개발 및 유지 과정에서 발생하는 준설토 투기장에 대한 효율적 이용이 필요하다. 더불어 각종 폐기물을 재활용하고 최종 처리하기 위한 기능을 확충하기 위한 방안도 마련해야 할 것이다. 일본은 '순환형 사회형성 추진 기본계획(2003)'에 따라 18개 항만을 광역폐기물 처리거점으로 집중 육성하는 계획을 추진 중에 있는데, 폐기물 처리에 어려움을 겪는 한국의 실정에서 충실히 참고해야 할 방안이다. 즉 한국도 폐기물 매립부지가 향후 15년 이후에는 크게 부족할 것으로 예상되므로, 육상폐기물을 항만에서 처리하기 위한 새로운 시도가 진행어야 한다.

앞으로는 체계적인 시스템을 구축하여 항만개발의 효율성을 제고할 수 있도록 해야 한다. 대외여건의 불확실성이 크게 높아지는 실정에서 면밀한 모니터링과 분석이 수반되어야 함은 물론이기 때문이다. 따라서 해양수산부에서는 2006. 7월 한국해양수산개발원에 『항만수요예측센터』를 설립하게 되었다. 항만수요예측센터에서는 항만별, 품목별 물동량, 동북아시아 항만개발, 해운물류환경 동향 및 국내 산업단지 동향 등을 전반적으로 모니터링하고, 물동량 변화요인 등을 추적, 분석하고 있다.

그리고 항만수요예측센터에서 분석한 내용을 항만개발과 적용하기 위하여 Trigger Rule 개발방식을 도입할 계획을 있다. Trigger Rule은 시일이 많이 걸리는 하부기반공사를 일정한 기준에 따라 미리 착공하고, 완공 직전에 물동량을 감안하여 상부시설 도입을 결정함으로써 1-2년 뒤에 운영하는 방법으로써, 싱가포르항, 로테르담항 등에서 적용되었다. Trigger Rule은 대내외 여건변화에 따라 탄력적으로 개발계획을 수립하고 추진할 수 있다는 측면에서 재정이나 시설의 가용 한도 내에서 항만의 경쟁력을 제고 하는 데도 기여할 수 있다.

대내외 여건 변화에 따라 항만정책의 패러다임을 적극적으로 변화시켜야 하는데, 항만개발정책의 변화는 항만의 경쟁력을 강화시키고, 수요자 중심의 항만개발을 함으로써 국내 수출기업의 경쟁력을 제고 하고 외국인 투자를 유치하는 데 기여한다. 더불어 항만공간에 대한 폐쇄적이고 부정적인 이미지에서 벗어나 국민들이 친근하게 접근할 수 있는 공간으로서, 항만을 친환경, 다목적으로 활용하는 데 기여할 수 있도록 계획을 수립하고 집행해 나가야 할 것이다.

한국의 항만정책의 일관성유지와 새로운 정책 추진이 동시에 필요한 시점에 와 있다. 첫째, 항만배후단지의 조기개발이 선행되어야 할 것이다. 최근 주변 여건변화와 한·중·일 물류협력 비즈니스 모델의 확대로 인해 다수의 외국물류기업들이 우리의 항만배후단지에 진출하고자 노력하고 있지만, 토지확보에 따른 문제점이 노출되어, 시너지 효과를 극대화하지 못하고 있는 실정이다. 둘째, 항만 배후단지 내 기업을 유치하기 위한 '맞춤형 비즈니스 모델'의 구축이 필요하다. 셋째, 배후단지 내 다양한 시설 확보도 추진되어야 할 것이다. 다양한 형태의 물류시설, 업무지원 시설, 관리운영 시설이 항만배후단지 완공과 함께 동시에 추진되어야 함은 물론이다. 즉 BTL사업 등을 통해 항만배후단지 내 공공물류센터 조기건립이 우선적으로 필요하다. 넷째, 배후단지에 대한 자유무역지역 지정을 고려한 관리운영 시스템이 선행적으로 갖추어져야만 한다. 그 외에도 항만과 항만배후단지의 일체형 개발을 촉진시키며 항만배후단지를 항만클러스터의 핵으로 두고 항만, 주변 산업단지, 배후도시까지 연결하는 종합물류 중심클러스터가 구축되도록 해야 할 것이다.

그러므로 대규모 항만세일즈나 IR 등의 마케팅과 세제혜택 등의 인센티브 제공에서 더 나아가 비즈니스 모델 발굴, 해외물류거점과 연계, 첨단 물류서비스 제공, 항만클러스터 구축 등 적극적인 항만지원 정책을 추진하여 명실공이 국제 경쟁력을 지진 항만배후단지를 조성해야 할 것이다. 글로벌 수준의 항만배후단지 구축은 수출기반 물동량 창출과 국내 기업경쟁력 향상이 가능토록 함으로써, 해운항만물류산업은 물론 국가적 성장원동력으로 지속적인 국부창출에 크게 기여할 것이다.

제3장 한국의 항공물류

1. 항공물류시스템

〈표1-4〉 우리나라 공항시설 현황

2005년 현재

공항명	활 주 로 (m)	계류장 (천㎡)	여객터미널 (천㎡)	화물터미널 (천㎡)	연간여객 처리능력(만명)
인 천	3,750×60, 3,750×60	1,709	국제 : 480 국내 : 16	국제 : 137	국제 : 2,800 국내 : 200
김 포	3,600×45, 3,200×60	1,199	국제 : 50 국내 : 76	국내 : 31	국제 : 396 국내 : 3,043
김 해	2,743×45, 3,200×60	383	국제 : 20 국내 : 37	국제 : 7.9 국내 : 9.7	국제 : 166 국내 : 1,269
제 주	3,000×45, 1,910×45	257	국제 : 16 국내 : 32	국제 : 1.9 국내 : 16	국제 : 117 국내 : 807
청 주	2,743×60, 2,743×45	52	국제 : 14 국내 : 8	국제 : 0.5 국내 : 1.7	국제 : 141 국내 : 184
광 주	2,835×45, 2,835×45	44	11	국내 : 2.8	국내 : 294
대 구	2,743×45, 2,755×45	42	국제 : 15 국내 : 12	국내 : 0.8	국제 : 114 국내 : 257
여 수	2,100×45	42	13	0.8	27
양 양	2,500×45	45	국제 : 16 국내 : 10	-	국제 : 110 국내 : 207
울 산	2,000×45	34	8.9	-	241
사 천	2,743×45, 2,743×45	13	4.7	-	101
포 항	2,133×45	33	11.7	-	385
목 포	1,600×30	10	1.6	-	30
군 산	2,743×45, 2,454×23	14	2.9	-	38
원 주	2,743×45	6	1.6	-	25
계		3,883	857.4 (국제 611 국내 246.4)	210.1 (국제 147.3 국내 62.8)	10,952 (국제 3,844 국내 7,108)

자료 : 건설교통부

주 : 예천공항 운항중단('03.9) 및 노선폐지('04.5)

한국에서 2005년 현재 민간 정기편 항공기가 사용하는 공항은 15개이다. 특히 항공물류 국제 경쟁력 강화 차원에서 One-Site, One-Stop 개념의 항공물류정보시스템(AIRCIS, Air Cargo Information System)을 구축하였다.

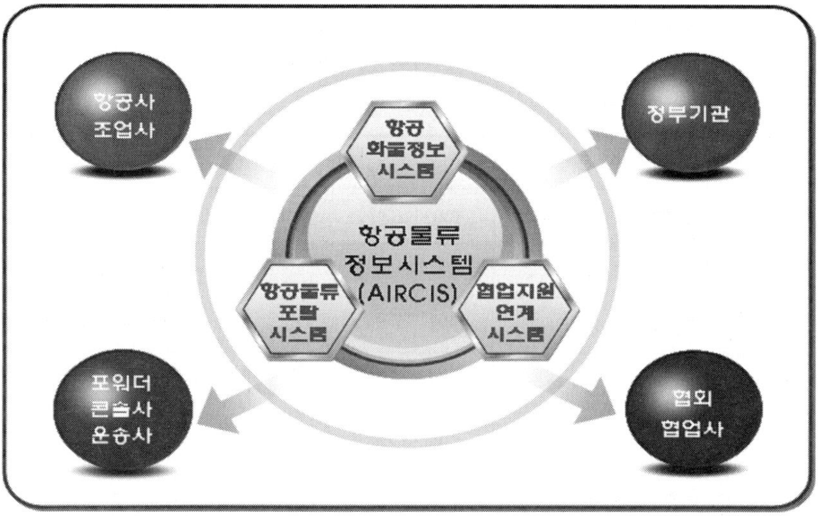

자료: 건설교통부 보도자료

공항, 세관, 운송사, 항공사, 포워더 등은 각각 소관업무별로 항공물류 정보시스템을 설치·운영하게 되면, 화물추적 및 물류정보수집을 위하여 다양한 여러 기관의 시스템에 접속하여야 하므로 많은 시간과 비용이 소요될뿐더러 이용하기에도 불편하였다. AIRCIS는 이러한 문제점을 해소하기 위하여 각 항공물류주체들이 설치하여 운영 중인 정보시스템을 상호 연결 혹은 연계하여 항공물류의 과정을 일목요연하게 볼 수 있도록 구축한 단일 사이트(Single Window)라고 할 것이다. 비록 한국의 항공물동량이 전체 수출입물동량의 0.2%에 불과하지만 금액으로는 전체의 27%(2006년 기준)를 차지하고 있고 매년 6.6%씩 증가(2003~2006)하고 있음을 주목해야 한다.

AIRCIS가 어떤 기능을 제공하는가 살펴보면, 항공기 운항 스케줄과 실시간 출/도착 상황정보를 제공하고, 항공사의 화물 예약을 단일 화면 창에서 수행하는 것이 가능하며, 육상·통관·항공 등 단계별로 화물이동을 추적하여 Door-to-Door Visibility를 향상시키고 전반적 화물흐름을 관리(Supply Chain Management)할 수 있게 해준다.

그리고 각 항공사의 장치장에 보관된 화물의 창고보관료는 온라인으로 결제할 수 있고 그 내용을 관리할 수 있으며 항공대리점의 운송장 정보(Master Air Way Bill No.)를 실시간으로 검색할 수 있으며, 선진국 세관에 적하목록을 사전에 신고하며 접수현황도 조회할 수 있다.

그리고 통계 및 물류흐름관리 등의 물류기업별 업무환경을 제공해 주고, 정부·기업 등 모든 물류주체에게 항공물류관련 뉴스, 시장동향, 법제도 등과 물류 정책 및 정보 지식에 대한 조회도 가능하다. 나아가 항공화물의 수송 스케줄 및 예약과 조회, 공항 내 화물위치 추적, 공항터미널 배정 장소 확인 및 항공기 탑재여부 조회 등 항공물류의 전반에 정보 조회가 가능하다.

따라서 AIRCIS가 구축되고 항공물류정보 서비스 혁신을 통해 항공 물류경쟁력이 강화됨에 따라, 항공사, 조업사, Forwarder(복합운송주선업체), 운송사 등 물류주체 간 울타리를 제거하게 되었으며 항공물류정보를 공유하고 교환하게 되었다. 단일

화면 창에서 화물예약추적, 화물창고보관료 온라인 결제, 항공운송장 관리 등을 신속하고 정확하게 처리하게 되었다.

AIRCIS는 향후 물류기업의 연계확대 등을 통해 항공화물의 전구간 위치추적(Door-to-Door)서비스를 가능케 하고, 해외 CCS(Cargo Community System) 정보망과도 연계하여 Global 물류정보체계를 구축하게 된다. 한국의 경우에 인천국제공항공사가 맡아 운영하게 되는데, AIRCIS를 널리 알리고 세계적인 정보시스템으로 발전시켜서 세계시장에 진출하는 방안을 추진시켜나가야 할 것이다.

〈그림1-2〉 Global 물류정보시스템 구축 계획

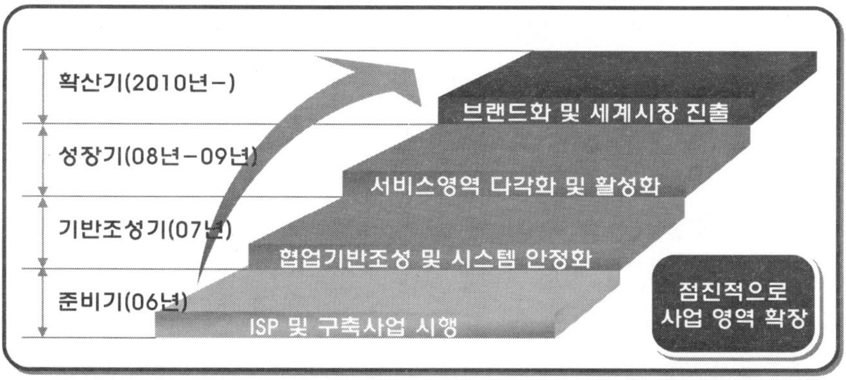

자료: 건설교통부 보도자료

2. 인천국제공항

비행거리 3.5시간 이내에 인구 100만 이상의 도시가 43개나 자리 잡고 있는 인천국제공항은 일본과 중국, 시베리아와 동남아의 중심지에 있다. 더구나 북태평양 항공노선을 따라 동아시아와 북미를 연결하게 되고 동시에 시베리아 항공노선을 통해 유럽과 동북아시아를 연결하는 중심 최적지 있어서, 유럽과 미주대륙까지 직항이 가능한 월등한 지리 조건을 지니고 있다. 인천국제공항의 비젼으로서는, 공항 건설 및 운영 경험을 통해 세계 최고 수준의 역량을 지닌 공항으로 자리매김을 하고, 동시에 동북아시아 중심 공항으로 발전하는 것을 목표로 한다. 경영이념으로서는 가치창조, 고객감동, 미래개척, 인간중심의 경영을 지향하며, 행동이념으로서는 고객을 우선시하며, 스스로 노력하고, 더불어 발전을 도모하며, 성과를 지향하고자 한다. 인천국제공항이 추구하는 사명(Mission)은 고객에 대하여는 다시 찾고 싶은 공항으로 인정받고, 주주에 대하여는 공항의 기업가치를 극대화하며, 직원에 대하여는 인재육성과 합리적인 조직운영을 실현하고, 사회에 대하여는 국가경제와 국제항공운송 발전에 기여하고자 한다.

인천국제공항은 이미 부지 355만평의 1단계 시설이 사용 한계에 다다를 것으로 보여서 605만평 부지의 2단계 시설을 준비하고 있고, 최종 단계로서 1,435만평의 부지 위에 공항을 건설하고자 한다. 최종 단계가 마무리되면 4개의 활주로와 여객터미널도 264천평에 이르게 된다.

연간처리능력을 보면 최종 단계에 이를 때, 운항횟수 53만회, 여객 1억명, 화물 700만톤을 처리할 수 있는 용량을 가지게 된다. 그 동안 개장 이후로 인천국제공항이 이룩한 경영성과를 보면, 한국 전체 출입국의 약 80%를 처리하였으며,

2006년 기준 국제선 기준 여객 세계 10위, 화물 2위를 달성하는 괄목할만한 실적을 이루었다. ARTS가 산정한 아시아태평양지역 공항운영 효율성에서는 1위를 달성하였으며, 항공사 유치와 노선 확충에도 힘을 기울여 47개 항공사 109개 도시를 연결하는 것에서 63개 항공사 143개 도시를 연결하게 되었다.

○ 주요경영실적('02~'06)

구 분	주 요 실 적
공항운영	- 우리나라 전체 출입국 인원의 약 80% 처리 - 개항 후 단기간내 인천공항 누적이용객 1억명 돌파('05.10) - 국제선 기준 여객 10위, 화물 2위('06) - ATRS '아태지역 공항운영 효율성 1위 달성('06. 5) - 화물 1천만톤(개항후 63개월 누적량) 돌파('06. 6) - 항공사 유치 및 노선 확충 (47개 항공사, 109개 도시 → 63개 항공사, 142개 도시)
재무구조 개선	- 3년 연속 흑자 시현을 통해 안정적 흑자운영 체제 확립 ('01년 △1,406억 … → '04년 1,495억원 … → '05년 1,239억원 → '06년 1,451억원) - 차입금 감소 : '01년 37,347억원→ '06년 32,549억원
공항인프라 확충	- 공항운영과 병행 2단계건설사업 적기추진('02~'08, 3.9조원) - 인천공항 중장기 마스터플랜 재정비 용역 추진('06~'07년) - 대한민국 최초 공항배후지역에 자유무역지역(화물터미널+공항물류단지) 운영 - 자유무역지역 입주 계약율 65% 달성('06. 1 운영개시) - 화물터미널지역(CTA)내 DHL, TNT 등 세계적 물류업체 유치 - 국제업무지역 민간투자시설 운영(호텔 2, 상업 1, 업무용 4) - 공항주변 유휴지 개발 (대중골프장 72홀, 골프연습장 2개소)

자료: 인천국제공항공사

공항 인프라 확충에도 노력하여 공항배후지역에 자유무역지역을 운영하게 되고, 입주 계약율도 65%를 넘어서게 되었다. 화물터미널지역 내에는 DHL, TNT 등 세계적 물류기업을 유치하게 되었으며, 국제업무지역에 호텔 등을 비롯한 민간투지시설을 운영하고, 공항주변 유휴지를 개발하여 골프장 등을 설치하게 되었다.

Airport Service Quality는 국제항공운송협회(IATA)와 국제공항협의회(ACI)가 공항이용자의 입장에서 세계 각 공항의 서비스에 대한 만족도를 매 분기마다 조사하여 발표하는데, 세계공항의 서비스수준을 평가하는 가장 공신력 있는 지표로 알려져 있다. 미주 21개, 유럽 43개, 아시아 14개, 중동·아프리카 8개 공항 등 세계 86개 주요공항을 조사대상으로 한 평가에서, 인천국제공항은 32개 평가항목 중 29개 항목에서 세계 1위를 달성하고, 평점 4.68(5점 만점)으로 2년 연속 종합 세계 1위를 차지하였다.

서울역까지 총 61㎞ 구간의 공항철도는 2009년에 완공되어 운행에 들어갈 예정이며, 총 투자 자금 4조 995억원 중 3조 110억원은 민간으로부터 조달해서 건설한 뒤, 향후 30년간 운영권을 민간투자컨소시엄인 '공항철도주식회사'가 가지게 된다.

공항철도는 운행속도가 평균 70㎞/h로 기존 도시철도보다 2배 이상 빠르게 할 계획이며, 장대 레일·충격완화 및 소음저감 장치 장착으로 쾌적한 운행을 목표로 하고 있다. 국제 기준의 불연 제품을 사용해 안전도를 대폭 높임으로써 열차화재에 대비하였으며, 중앙통제실에서 전열차를 통제하는 최첨단 시설을 갖춤으로써, 무인자동 운전시스템으로 운행하게 된다.

인천공항고속도로에만 의존하여 자동차로 가던 공항 길이, 전국에서 서울역으로 연결하여 공항철도를 이용할 수 있게 됨에 따라, 공항 이용객들을 위한 선택의 폭이 넓어지게 되었다. 따라서 교통 혼잡에 따른 공항접근성 문제가 해결되어, 인천국제공항이 동북아시아 허브공항 및 세계 일류 공항으로 본격적으로 부상할 것으로 기대된다.

3. 김해국제공항

김해공항은 동남권 지역의 대표적인 국제공항이라 할 수 있도 있겠으나, 접근공역상에 있는 장애물로 인하여 안전운항이 크게 위협을 받고 있다. 소음문제도 심각한 수준이어서 항공기 운용에 제한을 받을 수 밖에 없으며 활주로 등 시설 면에서 국제공항으로는 미흡한 수준이어서 본격적인 민간항공용으로 이용하기에는 근본적인 제약이 많다고 하겠다.

김해국제공항의 활주로 시설능력은 연간 200,000회 정도이며 특히 군용공항과 공동으로 이용하는 관계로 항공기 이·착륙 회수에 제한을 받고 있으며 더구나 2008년부터 용량부족현상을 전망하고 있으며, 2013년경에는 국제선터미널 용량도 포화상태가 되리라고 예견된다.

자유화·초국적화·기술개발·민영화 및 항공사간 제휴 등에 의해 세계 항공시장은 재편되고 있는 실정이며, 특히, 아시아·태평양 지역의 항공시장은 2020년에 4천억불 규모의 시장으로 급성장하여 세계 항공시장의 43%를 점유할 것으로 전망되고 있으며, 한국의 경우에도 20년 후에는 여객수송량이 1억3천만 명 수준으로 증가할 것으로 전망된다.

2015년에 이르기까지 세계 항공여객 운송량 및 항공화물 운송량은 연평균 3.5%·4.4%씩 성장하여 여객 약 25억명, 화물 약 5,200만톤 수준이 될 것으로 예견되는데 여객·화물 공히 아시아·태평양 지역의 비중이 점점 커져 2015년이 되면 가장 비중이 큰 세계 항공시장으로 성장할 것이 확실하다.

특히 한국의 경우 국제선 여객수요가 국내선 여객보다 빠르게 증가하여 2015년이 되면 국내선 여객 규모보다 더 커지게 되고 화물부분도 역시 국제선 수요가 국내선보다 성장률이 더 높을 것으로 전망된다.

한국의 동남부지역권에서의 여객과 항공화물 대부분이 거리가 멀고 시간도 많이 소요되어서 결과적으로 비용이 크게 발생하는 인천공항을 이용하게 되어 큰 경제손실과 물류비 상승이 초래하고 있다.

동남부지역권(부산·대구·울산·경북·경남·(전남·제주)) 주민은 지역에서 출발하는 국제선 노선 부족으로 연평균 170만명 정도가 인천공항을 이용하게 되어서 2005년도에 2,900억원의 추가비용을 부담하게 되었으며 2020년까지 약 7조원의 추가비용이 소요될 것으로 예상되며, 여기에 물가상승률을 반영할 경우에는 약 10조원의 추가비용이 발생할 것으로 전망되기도 한다.

특히 항공화물 수출은 대부분 인천국제공항(99%)을 통해 이루어지고, 김해국제공항을 이용하는 경우는 0.5%에 지나지 않는 실정이며, 2005년도 공항수출액 규모를 보면 인천공항이 860억불, 김해공항이 3.9억불로, 국제선 노선이 잘 정비된 수도권과 동남지역권 공항간의 현저한 격차를 노정하고 있는 실정이다.

기업체는 투자와 관련된 입지를 결정할 때 항공수송망의 유무가 절대적으로 중요하며, 국제노선의 연결성이 10% 증가하면 장기적으로 GDP 증가에 1.1% 기여한다고 본다. 더구나 항공서비스가 첨단산업에 미치는 영향이 크며, 한국의 경우 LG 필립스 LCD 7세대 공장이 구미에서 항공서비스 여건이 양호한 지역으로 이전한 사례에서도 충분히 입증이 되고 있다. 그러므로 국토균형발전과 남부해안시대의 도래를 준비하는 차원에서, 동남지역권에 규모 있는 국제공항 건설의 필요성은 절실하다.

한국의 경우와 유사한 지형적 여건을 가지고 있는 유럽의 주요 공항의 활주로와 공항면적과의 관계를 보면, 일반적으로 활주로가 2개인 경우는 500-1,500ha, 3개인 경우는 1,000-1,800 ha 정도의 면적이 소요되고, 더불어 항공물류·공항도시 등 다양한 기능을 고려해 보면 동남권 신국제공항의 적절한 규모를 가늠할 수 있다.

그렇다고 해서 동남권 신국제공항을 인천공항에 버금가는 허브공항으로 건설하고 운영하는 차원에서 시작하기보다는, 인천국제공항의 허브공항으로서의 장단점을 잘 파악하여 포인트 투 포인트 시스템을 활용하는 관문공항으로 설정하는 것이 바람직하다. 즉 중단거리인 경우와 외국의 거대도시를 연결하는 경우에는 국제선 직항노선을 마련하고 여타 노선인 경우에는 인천국제공항을 거쳐서 외국으로 나가는 간접공항으로서의 역할을 적절히 조합하는 차원의 시스템 계획이 요청된다고 할 것이다. 구체적인 입지선정에 있어서는 기술적인 검토와 남해안시대 구현 및 국토균형발전에 최적인 입지를 찾도록 해야 할 것이다.

부산·대구·울산·경남·경북의 5개 광역지자체로 구성된 "동남권 신공항 건설 공동추진기구" 발족시키도록 하고 잠재수요를 산정하고, 최적입지에 대한 타당성을 마련하여서, 건설교통부에서 추진하게 되는 타당성 조사를 위한 준비에 차질이 없도록 해야 할 것이다.

동남권 신국제공항 건설될 경우, 물류수요에 대한 대응을 준비하는 것이 여객수요에 못지않게 중요하므로, 부산진해경제자유구역청·광양하동경제자유구역청·신항·창원공단·사천공단 등과 함께 Sea & Air 및 항공물류에 대한 수요조사를 실시하여 대비하는 것이 마땅하다.

동남권 신공항 건설에 따른 비용 부담에 관해서는, 국비지원 요청·민자유치 방안 등 다양하고 구체적인 방안을 마련해야 할 것이며, 민자로 신국제공항 건설할 수도 있으므로 민간투자기업에 투자 의향을 타진해 보는 것도 중요하다. 그리고 미리 지역을 기반으로 하는 국적 항공사의 출범 및 유치, 그리고 세계적인 항공사를 유치하는 문제를 점검하고, 항공물류 수요 창출을 위해서는 항공물류 전문 글로벌 종합물류기업은 물론 글로벌 물류제조기업 유치를 위한 계획을 세워서 실현 가능한 방안을 추진할 수 있도록 해야 한다.

남해안시대 구현과 국토 균형발전을 위해 선도적인 역할을 담당할 동남권 신국제공항의 입지 선정을 위해서는 여객과 물류의 수송을 합리적 수준에서 해결할 수 있으며 국내·외에서의 접근성이 좋아서 외자와 관광객 유치가 용이하도록 지역 설정에 다양한 요인을 고려해야 할 것이다. 그리고 무엇보다 동남권 5개 광역자치단체가 서로 공감할 수 있는 지역이 선정될 수 있도록 해야 할 것이다.4)

4. 대구 국제공항

한국의 국내 항공수요는 지속적인 증가추세에 유지하고 있었지만, 고속도로의 확충과 2004년 4월 1일 고속철도의 개통으로 인하여 국내선 항공 수요는 크게 감소하였다. 2001년 하반기에는 영동고속도로의 확장, 그리고 서해안고속도로, 대전~진주 간 고속도로가 개통되었으며, 중앙고속도로 전구간이 개통되기에 이르렀다. 2004년 12월에는 중부내륙고속도로가 개통되었으며, 2020년에는 7 x 9의 격자형 육상 교통의 네트워크를 구성하기 위한 기반이 구축되고 있다. 결과적으로 속도면에서는 항공기와 비교도 되지 않던 자가용 수요를 유인하게 되었고 몇몇 지방공항은 공항으로의 접근성이 부족하여 오히려 육로를 이용하는 것이 전체 시간을 단축하는 결과를 낳았다.5)

<표1-5>는 2001~2002년 사이 고속도로가 확충됨으로써 항공수요에 미친 영향을 나타내고 있다. 전체적으로 국내공항 수요는 3.3% 감소하였으며 심지어 예천공항의 경우 75%가 감소

---

4) 뉴스 출처 : 경상남도청, 2007-02-27

5) 홍석진 · 정웅기, 대구국제공항 활성화방안, 대구경북연구원

하여 결국 공항을 폐쇄하기에 이르렀다. 그러나 대구국제공항은 고속도로 확충 이후에도 수요가 가장 적게 감소하였는데 그것은 중부내륙고속도로의 개통이 대구국제공항의 수요에 거의 영향을 끼치지 않았으며 오히려 같은 기간에 개통된 대구-포항 간 고속도로가 대구국제공항의 제주노선 이용률을 향상시킨 것으로 추정된다. 따라서 대구를 중심으로 한 지역간 연계고속도로는 향후 대구국제공항의 활성화를 위해 의미있는 역할을 할 것으로 보아야 할 것이다.

〈표1-5〉 고속도로 확충에 따른 항공수요의 변화

공 항	여객운송실적		전년대비 증가율(%)
	2000.12~2001.11	2001.12~2002.11	
양양(강릉+속초)	510,939	302,139	-40.9
군 산	258,462	152,974	-40.8
목 포	293,784	184,621	-37.2
광 주	2,253,113	2,100,825	-6.8
진 주	837,120	552,552	-34.0
예 천	92,672	23,162	-75.0
원 주	75,305	42,181	-44.0
대 구	2,167,700	2,156,511	-0.5
김 포	17,904,158	17,214,126	-3.9
국내공항 전체	44,543,413	43,075,974	-3.3

자료: 홍석진, 정웅기, 대구국제공항 활성화 방안, 대구경북연구원

고속철도는 대구 및 대전시 구간이 건설되지 않았지만, 2004년 4월 개통한 1단계에서 완전하지는 않지만 서울~대구간 고속운행을 하게 되었고, 그 영향으로 대구국제공항은 전국

공항중 가장 크게 국내선 항공여객이 감소하였다.[6] 2000년 건교부에서 내놓은 <제2차 공항개발 중장기 기본계획 수립조사 보고서>에 따르면 경부고속철도 개통으로 인한 항공수요 감소율은 <표1-6>과 같다.

〈표1-6〉 고속철도 개통에 따른 항공수요 감소율 예측

항공 노선	제1단계 개통 2004(%)	최종단계 개통 20011년(%)
서울 ~ 부산	20	45
서울 ~ 대구	65	68
서울 ~ 포항	13	13
서울 ~ 울산	13	13
서울 ~ 진주	5	12

자료 : 지방공항의 당면 과제와 향후 전망, 교통개발연구원, 2003

사실 고속철도가 개통되기 이전에도 김포~대구간의 노선은 다른 노선에 비해 가장 큰 영향을 받을 것으로 전망하고 있었고, 장기적으로 경부고속철도 개통으로 인한 항공수요 감소를 고려한 2020년까지의 항공수요는 <표1-7>과 같을 것이라 예상하고 있다.

그런데 고속철도 개통이후 국내선 여객은 개통 이전의 예측치 보다는 소폭이었다고 할 것이다. 예를 들어 국내노선 총 25개 중 고속철도 개통과 무관한 제주-원주 등 10개 노선을

6) 고속철도 개통 이전과 이후 1년간 수요가 가장 큰 폭으로 변동한 곳은 목포공항이지만 이는 고속철도 개통 이전에 다른 노선이 폐지되어 김포~목포간 단일노선만을 운행하게 되었기 때문이다.

제외한 15개 노선에서 동일 기간 전후 대비 여객이 감소하였다. 고속철도의 개통으로 인하여 여객이 크게 감소한 노선은 김포와 김해, 대구, 광주, 목포간 노선으로 동기간별 운항횟수, 여객, 화물 수송실적을 비교해 보면 <표1-8>과 같다.

〈표1-7〉 고속철도 영향권 공항의 국내선 여객수요 예측

(단위 : 천인)

구 분		2002년	2005년	2010년	2015년	2020년
고속철도 미개통	김 해	9,173	11,846 9,493	15,795 11,666	17,839 13,175	20,147 14,880
	대 구	2,275	3,366 2,564	4,710 3,305	5,320 3,733	6,008 4,216
	진 주	549	1,572 1,173	2,242 1,541	2,532 1,741	2,860 1,966
	포 항	704	1,707 1,282	2,420 1,675	2,733 1,892	3,087 2,136
	울 산	1,384	2,498 1,790	3,687 2,444	4,164 2,760	4,703 3,117
고속철도 개통	김 해	9,173	10,126 8,127	13,481 9,974	13,513 10,013	13,545 10,052
	대 구	2,275	1,642 1,282	2,245 1,615	2,544 1,830	2,882 2,073
	진 주	549	1,500 1,120	2,139 1,471	2,334 1,605	2,547 1,752
	포 항	704	1,495 1,123	2,119 1,467	2,394 1,658	2,705 1,873
	울 산	1,384	2,189 1,571	3,228 2,142	3,647 2,420	4,121 2,734

자료 : 지방공항의 당면과제와 향후 전망, 교통개발연구원, 2003

주 : 1) 윗줄-낙관치, 아랫줄-비관치

2) 여객수요 = a(GDP)+b 모형식 사용

〈표1-8〉 고속철도 노선에 해당하는 항공노선의 수송실적 변화

노선	2003. 4 ~ 2004. 3			2004. 4 ~ 2005. 3			증가율		
	운항횟수	여객(명)	화물(kg)	운항횟수	여객(명)	화물(kg)	운항횟수	여객(명)	화물(kg)
김포~대구	12,689	1,401,319	6,807,803	3,230	298,017	3,888,881	-75%	-79%	-43%
김포~김해	31,513	5,176,949	61,573,041	23,080	3,274,995	53,068,480	-27%	-37%	-14%
김포~광주	9,592	1,177,082	7,546,018	7,008	847,511	6,552,552	-27%	-28%	-13%
김포~목포	946	69,538	217,976	564	26,916	90,333	-40%	-61%	-59%
합계	54,740	7,824,888	76,144,838	33,882	4,447,439	64,600,246	-38%	-43%	-16%

자료 : 항공통계, 한국공항공사

표1-8에서와 같이 전년도 동기간 대비 김포~대구간의 국내선 여객은 79%나 감소하기에 이르렀다. 이 결과는 예측치 65%보다도 훨씬 더 큰 감소이고 고속철도가 김포~대구 노선에 어떤 영향을 끼쳤는지를 잘 보여주고 있다. 전체 국내선 여객은 50% 감소한 것으로 나타났는데 화물은 표1-9에서 보는 바와 같이 4.3% 감소하였는데, 이것은 고속철도가 승객 운송 위주의 운송수단이기 때문이다.

〈표1-9〉 고속철도 개통이후 대구국제공항의 국내선 수송실적 변화

	운항 횟수	여 객 (명)	화 물 (톤)
2003. 4 ~ 2004. 3	19,247	2,101,795	19,949
2004. 4 ~ 2005. 3	10,277	1,049,470	19,089
전년대비 증감율	-46.6%	-50.1%	-4.3%

자료 : 항공통계, 한국공항공사

5. 한국의 항공운송산업

인천국제공항은 3개의 독립된 화물터미널을 갖추고 있는데, 이중 2개는 국적항공사의 자가 화물터미널로, 나머지 하나는 외국항공사 터미널로 운영하고 있다. 외국항공사 터미널인 C 터미널은 4개사가 운영시설을 직접 설치·조업하고 있으며, 관리·운영은 14개사 출자법인인 인천국제공항외항사터미널(주)이 담당하고 있다. 각 화물터미널 뒤편에는 약 30여개 복합운송업체가 2개 화물창고를 건립하여 운영하고 있다.[7]

인천국제공항을 통해 국내외로 반출·입 또는 통과되는 모든 화물의 원활한 운송, 보관, 처리를 위한 화물터미널은 항공기와 지상수송 시스템을 연결하는 시설이다. 수출입화물 및 통과화물의 원활한 관리와 통관 및 보관 등의 기능을 수행하며, 날로 증가하는 항공화물 수요에 대처하는 기능을 수행하고 있다. 3개의 터미널로 구성된 화물터미널 단지는 각 항공사별로 독립된 터미널을 확보하게 함으로써 특화된 서비스를 제공할 수 있게 하였다.

인천국제공항 화물터미널은 수입화물지역, 통과화물지역, 수출화물지역으로 나누어져 하역, 작업, 보관 등의 화물처리가 합리적으로 이루어지게 함으로써 효율성이 극대화시켰다. 복합운송주선업체들은 화물터미널 단지에 전용 항공화물창고를 보유하고 있으며 신속한 화물처리와 적재 및 보관이 가능하게 하고 있다. 24시간 운영이 가능한 화물터미널 체제를 통하여 화물수요에 대응하며, 향후 시설을 단계적으로 확장할 수 있

7) 전국경제인연합회, 항공물류SOC 민자투자제도 개선방안, 2006.12.21

는 가변성을 유지하고 있다.

화물터미널에는 컴퓨터를 곳곳에 설치하여, 신속한 화물처리를 위한 화물의 개별정보, 이동정보, 보관정보 등을 실시간 처리할 수 있게 되었다. 이러한 정보전달시스템을 구축을 이용하여 화물터미널 인근에 복합형 관세자유지역을 조성(1단계 약 30만평)하고 이 지역을 국제적인 물류중심기지로 육성하려는 계획을 추진 중에 있다.[8)]

〈그림1-3〉 아시아 주요 공항의 항공화물 처리능력 전망

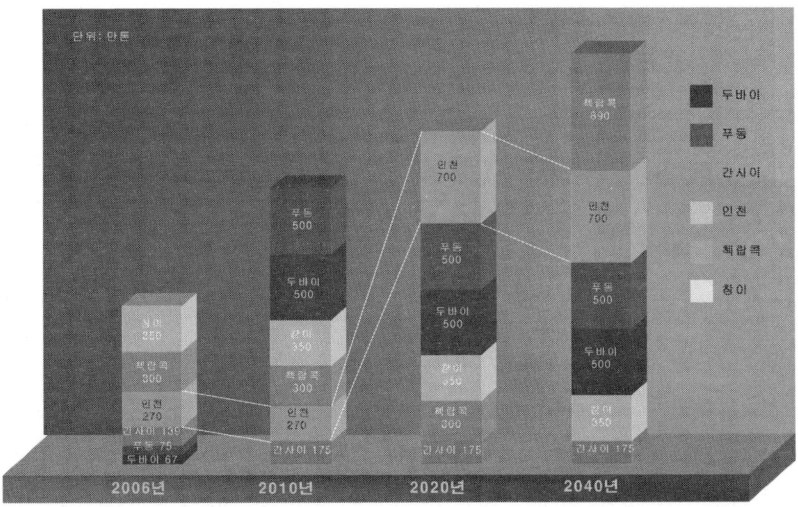

8) 자료: 인천공항공사

구분	2006년		2010년		2020년		2040년	
	화물처리 능력 (만톤)	비중 (%)	화물처리 능력 (만톤)	비중 (%)	화물처리 능력 (만톤)	비중 (%)	화물처리 능력 (만톤)	비중 (%)
창이	350	29.1	350	16.7	350	13.9	350	11.2
첵랍콕	300	25.0	300	14.3	300	11.9	890	28.6
인천	270	22.5	270	12.9	700	27.7	700	22.5
간사이	139	11.6	175	8.4	175	6.9	175	5.6
푸동	75	6.2	500	23.9	500	19.8	500	16.1
두바이	67	5.6	500	23.9	500	19.8	500	16.1
합계	1,201	100.0	2,095	100.0	2,525	100.0	3,115	100.0

자료: 전국경제인연합회, 항공물류SOC 민자투자제도 개선방안.

아시아 주요 공항의 항공화물 처리능력을 비교해 보면 그림 1-3과 같다. 세계 3대 교역권(EU, NAFTA, 동북아)의 하나로 동북아시아의 비중이 확대되고 있다.(세계 물동량 중 동북아 비중: 27.0%(1998) → 28.1%(2000) → 30.1%(2006)) 아시아는 세계 5대 항만(싱가폴 · 홍콩 · 부산 · 카오슝 · 상해)을 소유하고 있으며 더구나 아시아 각국은 자국을 국제 비즈니스 중심지로 육성하려고 심혈을 기울이고 있는 실정이다. 더구나 자국을 지식기반산업중심지로 육성하려는 노력과 동북아 비즈니스 거점으로 육성하기 위한 추진하기 위한 계획 추진을 이미 싱가폴, 홍콩, 중국, 대만 등에서 시작한 상태이다. 다국적물류기업의 전략이 '1국가 1거점'전략에서 '1지역 1물류거점'전략(물류여건이 좋은 1국가를 선정하여 주변지역을 관리)으로 변화함으로써 각국은 물류중심지화 경쟁이 치열하게 전개하고 있다. 예를 들어 네덜란드는 유럽진출 다국적 기업의 약 50%(650개)를 자국 영토 내에 유치하는 쾌거를 올린 바 있다.

한국이 물류 중심 국가로 발전 할 수 있는 가능성이 증대되고 있는 것은 13억의 인구를 가진 중국이 지속적인 경제성장과 세계의 생산기지로 발전하고 있음도 주요 요인이다. 중국의 발전 속도와 여러 여건 변화 등을 고려해보면 향후 5-10년 내에 한국이 동북아 비즈니스 중심 국가로서 위상을 확보해야 할 것이다. 그렇지만 한반도의 지경학적 여건은 오히려 한국 물류산업의 성장을 위해 유리하게 작용할 가능성도 충분하다.

따라서 향후 한국의 물류산업 발전을 위하여 중점을 두고 추진해야 할 사항은 다음과 같이 요약할 수 있다. 첫째, 한국의 지경학적 위치를 고려하면서, 공항·항만 등 물류시설을 확충해 동북아의 물류중심지로 거듭나도록 한다. 둘째, 외국기업인 및 가족이 생활하는데 불편함이 없도록 경영·생활여건을 조성하여 세계적인 물류관련 기업을 유치하도록 하여 동북아물류거점으로서의 위치를 정립한다. 셋째, 효율적인 국내·외 물류네트워크를 마련하는 것은 물론, 한국의 물류 거점과 인접국가 간의 feeder망 구축함으로써, 주요 수출입거점 지역의 배후 시설 및 수송연계망을 확충한다. 넷째, 투자여건 개선을 위한 법과 제도를 정비하며, 관세자유지역을 설정하는 동시에 외국기업유치를 위한 방안을 마련해야 할 것이다.

제4장 한국의 내륙물류

1. 내륙 운송시스템

한국은 2001년에 향후 20년 동안의 국가 운송망 구축을 위한 기본계획을 수립하여 변화하고 있는 국내외 경제 환경에 부응하며 효율적인 국내 운송시스템을 마련하기 위한 계획을 수립하여 추진하고 있다. 한국은 전국이 약 6시간 내외의 도로 운송이 가능한 면적과 지형을 가지고 있으며, 무엇보다 도로망이 화물운송에서 중요하다. 예를 들어 2005년에 수·출입된 컨테이너의 내륙 운송량 9,410만TEU 가운데 부산항과 광양항이 전체 물량의 81.8%인 약 770만TEU를 처리하였고, 이 가운데 도로를 통하여 연결된 운송이 88%인 678만 TEU를 차지한 것으로 나타났다.[9] 한편, 철도 및 연안을 통하여 연결된 화물의 운송은 770만TEU 중 12%인 92만TEU를 처리하였다.

한국의 도로망 기본 형태는 남북을 연결하는 7개의 도로와 동서를 연결하는 9개의 도로를 구축하여, 전국의 균형적 발전과 한반도 통일을 대비하려고 한다. 더불어 철도망은 X자 형태로 전국을 관통할 수 있도록 추진되고 있다.

한국의 도로 및 철도망은 원활한 국제화물 운송을 위해 공항 및 항만과의 연계가 비교적 잘 정비되어 있는 것으로 일면 판단된다. 국내외 물류네트워크를 구축하여 효율적인 국제 해

---

9) 한국해양수산개발원, 『해상수출입화물 기종점 통행량 조사』, 2006. 4.

상운송망을 확보하기 위한 차원에서 부산·광양항을 확충하여 동북아 중심 항만으로 개발하고 있다. 특히 외국인 직접투자를 적극적으로 유치하기 위하여 항만 배후지역을 경제특구로 지정하여 화물 유치에 적극적으로 노력하고 있다. 인천국제공항을 개발함으로써 항공 운송에서도 한반도를 동북아의 거점 공항으로 육성하려고 한다. 따라서 항공수요 유발 기반을 조성하고 공항지원 인프라 확충하며 공항 운영 및 서비스 개선을 위한 전략적 과제를 발굴하여 수행 중에 있다. 이러한 노력의 결과 인천국제공항은 2005년 215만 톤의 항공화물을 처리함으로써 세계 3위의 국제화물 수송실적을 달성하였다.

2. 주요 물류거점

경제성장과 무역자유화에 따라 화물 수송수요는 급증하는데 반해 물류시설이 크게 부족하게 되면 기업 물류비가 증가하고 국가경쟁력의 약화를 가져오게 되는데, 한국의 경우 역동적인 경제성장으로 인하여 이런 현상이 나타날 가능성이 크다. 따라서 다가오는 시대의 신유통시대의 특징이라고 할 다품종 소량 다빈도 화물을 집적화하여 대량으로 수송하는 네트워크 연계수송망을 구축해야 할 것이다. 즉 다양한 화물을 대량으로 모아 한꺼번에 신속하게 운송하여 물류비용을 절감하도록 하기 위해 전국의 주요 물류거점에 정보화된 대규모 첨단물류시설이 구축해야 한다. 따라서 전국 5대 물류거점에 내륙화물기지를 건설을 계획하여 추진하고 있다. 내륙화물기지는 곧 2가지 이상 운송수단(도로, 철도, 항만, 공항)간 연계운송이 가능한 규모 및 시설을 갖춘 복합화물터미널 및 내륙컨테이너기지를 일컫는다.

한국의 내륙화물기지는 2007년 1월 현재 수도권(군포), 부산(양산), 호남(1단계, 장성)에 각각 1개씩의 복합화물터미널을 운영 중이고, 중부권 복합화물터미널(충북 청원, 충남 연기), 영남권 복합화물터미널(경북 칠곡), 장성 복합화물터미널(호남권 2단계, 전남 장성)이 공사중이며, 수도권(확장, 군포), 수도권 북부(파주)에 복합화물터미널 건설을 계획하고 있다. 이들 복합화물터미널의 총면적은 460만m^2이며, 사업비는 2조 2,873억원에 국고부담은 8,666억원이다.

한국의 일반화물터미널은 2007년 1월 현재 28개소에 이르고 규모는 대지 1,195,973m^2에 연면적 293,332m^2이다.

제5장 한국 물류서비스 산업 발전전략

한국의 물류서비스 경쟁력 제고 전망에 대해서는 건설교통부가 2007년 3월에 발표한 브리핑 자료인 '물류서비스 산업 경쟁력 강화방안'을 중심으로 분석해보면 다음과 같다.

1. 국내 물류서비스 산업

1) 국내 물류전문기업의 글로벌 경쟁력 미비

(1) M&A를 통한 경쟁력 강화노력이 활발한 글로벌 물류기업과의 기업규모 격차 더욱 심화되고 있는 실정이다. 5대 물류기업의 평균매출액을 국내/세계 비율로 비교해 보면 13.4%(2004) → 7.35%(2005)로 오히려 낮아지고 있는 실정이다. 2005년 세계 50대 물류기업 중 국내기업은 한진해운 33위와 현대상선 36위 단 2개 기업 뿐이다.

(2) 매출액 대비 제조업의 16%수준으로 영세한 물류기업이 세금, 전기료 등의 비용 부담은 혜택을 받지 못함으로써, 오히려 더 많이 부담하는 상태이다.

2) 자가물류 중심 구조

제3자물류 비중이 증가하고 있다고는 하나 아직까지 자가 또는 자회사를 통한 물류 활동이 60% 이상을 차지하고 있는 실정이며, 제3자물류에 대한 인식이 미흡하고 신뢰할 수 있는 물류전문기업 부족한 것도 주요 원인이라고 하겠다.

3) 물류서비스 산업 성장을 제약하는 외부환경

(1) *화물운송시장의 공급과잉에 따른 시장 불안 심화와 함께 물류거점시설, 정보인프라 등 물류기반시설도 부족한 상태이다. 1997 ~ 2006년 연평균 화물차는 6.8% 증가하였으나, 물동량은 0.7% 증가하는데 그쳤다. 그 결과 3.6만대 정도로 공급이 과잉상태에 있는 것으로 추정된다. (2004.4월 허가제 이후 과잉공급 1.1만대 감소)*

(2) *중국, 일본 등의 국가들과 동북아시아 허브경쟁이 심화됨으로써, 글로벌 물류기업이 국내시장에 진출하는 등 위협요인도 증가하고 있다.*

2. 물류서비스 산업 추진 전략

1) 서비스역량 강화

물류서비스 역량을 강화를 통하여 물류전문기업을 육성하기 위해서는 첫째, 우수한 물류전문기업을 발굴하여 종합물류기업으로 육성해야 할 것이며 둘째, 종합적인 물류서비스를 제공할 수 있게 하는 물류솔루션을 구축하기 위한 투자에 대한 지원을 아끼지 말아야 한다. 셋째, 전문 물류기업의 해외진출도 적극 지원해야 할 것이며 넷째, 물류 수요가 증가함에 따른 물류전문인력 양성에도 주력해야 할 것이다.

(1) 종합물류기업 인증제

기업규모, 서비스 역량 등에서 우수한 역량을 갖춘 물류전문기업을 종합물류기업으로 인증하여 세계적인 물류기업으로 육성하는 방안을 2006년에 도입하였다. 2006년 21개 업체를 인증한데 이어 2007년 약 10개 업체를 추가로 인증하고, 인증업체에 대한 정기점검을 통해 인증기준을 지속적으로 유지할 것을 요구하며, 장기적으로는 추가적인 발전을 독려하게 된다. 2006년 전략적 제휴를 통해 인증 받은 14개 기업군에 대해서는 M&A를 통해 대형화 및 종합물류기업화를 유도하는 것이 마땅하다. 그리고 글로벌 물류기업과의 격차를 줄이기 위해서는 기업규모나 서비스 범위 등 인증기준을 단계적으로 상향 조정함이 마땅하다.

(2) 물류서비스 역량 강화

종합적 물류서비스 제공을 위한 물류솔루션 개발 및 운용을 위한 투자에 지원을 아끼지 말아야 한다. 자재조달에서부터 생산지원, 상품관리, 수·배송 등 물류서비스를 일괄지원 하는 물류솔루션의 도입이 증가하고 있는데, 물류솔루션이라 함은 창고관리, 운송관리, 주문관리 등 물류활동을 통합 지원하는 정보시스템을 말한다. 물류솔루션 도입 시 비용부담 완화를 위해 공제율이

7%에 이르는 임시투자세액 공제를 적용하여, 업체 당 연간 1.2~4억원 지원효과가 있도록 할 것이다. 물류 시설 투자에 대한 자금지원을 확대하며, 거점시설에의 입주를 우대하는 정책을 펴 나가기로 하였다. 2006년 50억원이던 종합물류기업에 대한 유통물류합리화자금 지원한도도 단계적으로 확대해 나가는 방안을 추진하고 있다. 공·항만 배후물류단지, 복합화물터미널 등 물류거점 시설 입주자 선정 시 물류기업 시설이 우선 입주토록 지원하도록 하여 물류업무의 신속 원활한 처리를 도모한다. 수출입물류에 대한 종합서비스를 제공하기 위하여 인증 종합물류기업에 대하여서는 통관취급을 허용하도록 하여 서비스능력의 향상을 꾀한다.

(3) 해외물류시장 진출

물류정책기본법안을 통한 물류기업의 해외시설투자 등 해외진출 지원에 대한 제도적 지원근거를 마련 중에 있으며, 해양수산부 등 관계부처와 협의하여 자금지원 등 구체화 계획도 추진하고 있다.

중국공항과 인천공항을 연계하기 위한 차원에서, 공항 환적화물 유치를 위해 타 지역 화물을 트럭을 통해 공항까지 운반, 항공기로 환적 수송하는 서비스인 트럭일관수송(RFS: Road Feeder Service) 체제의 도입을 추진하고 있다. 그리고 기존의 'Sea & Air' 복합운송체계를 보완하는 차원을 넘어서서 트럭을 이용함으로써 상·하역 및 포장에 소요되는 시간을 4~6시간 단축하고자 한다.

2006.12월 시범사업으로 2회(2006.12.20, 12.27) 실시한 청도공항~청도항~인천항~인천공항을 시작으로 단계적으로 중국 전역으로의 확대를 추진하고 있다. 국내 물류기업 진출이 활발한 해외 물류시장 지역에 대한 토털 정보서비스 체계도 구축해야 함이 마땅하다. 특히 2007.2월에 중국물류정보포털을 구축함으로써 물류시장 제도, 물류산업 현황 등 정보를 제공하고, 국내기업 간에도 정보를 공유하도록 지원하고 있다. 정보포털을 EU, 미국 등 주요 국가별로 단계적으로 구축하도록 하고, 국가물류 통합정보센터와 연계하려는 계획을 마련하고 있다. 특히 중국 등지에 공동물류센터 건설 추진함으로써 해외진출 초기 투자부담 경감 및 중소물류업계의 해외진출을 지원하고자 한다.

(4) 물류전문인력 양성

물류전문대학원(인하대)이 2006.9월 개원함으로써 연간 80명 수준의 석·박사급 고급 물류전문인력 양성이 가능하게 되었다. 그리고 물류기업의 요구하는 교육과정을 마련하고, 물류기업과 연계한 인턴십 프로그램 운영도 필요한 실정이다. 나아가 물류기업체 임직원을 대상으로 한 최신 물류 트렌드, 첨단 물류기술 등에 대한 단기과정의 운영도 필요하다. 연간 4억원 지원하여 2010년까지 연간 2,500명 수준 보수교육 시행함으로써 물류기업 종사인력의 자질향상을 꾀하려고 한다. 더불어 '07년부터 물류관리사 시험에 국제물류론을 추가하여 국제

물류업무 수요 증가에 대비하고자 한다.

2) 제3자 물류

제3자 물류를 확대하기 위해서는 위탁물류비에 대한 각종 세제를 지원하고, 화주기업이 물류 시장을 이용하도록 유도하며 제3자 물류시장의 공급자와 수요자 모두에 대한 컨설팅 지원을 아끼지 말아야 할 것이다. 한편 제3자물류 혁신사례를 홍보하고 여전히 자가물류에 의존하는 기업에 대한 혜택은 점차 축소해 나가는 것이 바람직하다.

(1) 화주기업을 위한 세제지원

화주기업이 제3자 물류기업을 이용하도록 유도하기 위해서 위탁물류비에 대한 세제지원제도 도입을 추진해야 할 것이다. 그러나 2004.3월과 8월에 종합물류기업을 이용하는 화주기업에 대한 법인세 감면제도가 발표되어 입법안이 국회에 제출되었으나, 중소물류업계 반대로 무산되었음을 유념해야 할 것이다. 2006년 12월 조세특례제한법을 개정하고, 2007년 상반기 중 하위법령을 정비하여, 화주기업이 자가물류시설 또는 자가물류사업부를 매각할 시 양도차익에 대한 법인세에 대한 과세이연제도를 도입하고 있다.

(2) 제3자물류 활용에 대한 지원

2007년 3월 국제물류지원단(무역협회)에 화주기업이 제3

자 물류를 이용할 수 있도록, 전환을 지원하기 위한 지원센터 설치하였다. 더불어 제3자 물류의 효과, 전환방법 등에 대한 컨설팅 서비스를 제공하는 것과 더불어, 우수 물류기업과의 연계를 지원해야 할 것이다. 실제로 제3자물류로 전환하기 위한 설계 및 계약시 유의사항과 물류전문기업을 선정하는 방법 등에 대한 홍보도 필요하다. 물류전문기업을 통한 물류개선 효과의 공유 확산하기 위하여 제3자물류 화주협의회를 구성할 필요도 있다.

(3) 제3자 물류 우수성 홍보

물류혁신컨퍼런스 행사 등을 개최하는 동시에 물류단체와 연계하여 혁신사례, 학술대회 및 물류 전시회 등을 통하여 제3자 물류의 우수성을 홍보해야 한다. 물류토털아웃소싱의 효과, 인증, 종합물류기업 서비스 등에 대한 홍보대회를 개최하기 위하여 화주단체와 연계함으로써 효과를 극대화하여야 할 것이다.

(4) 자가물류 지원 축소

자가물류시설 투자에 대한 임시투자세액 공제를 축소하여 제조·유통기업의 제3자 물류 전환을 촉진시켜야 한다. 실질적인 방안으로는 자가물류시설 보다 물류전문기업 시설에 대해 유통물류합리화자금 지원을 우선 배정해야 할 것이다.

3) 물류서비스 환경개선

운송시장의 안정성, 물류거점시설을 확충, 물류정보 통합시스템을 구축 등을 통하여 물류서비스 산업의 환경을 개선해야 한다. 특히 물류시스템의 정보화를 통한 유비쿼터스 물류활동이 가능토록 해야 할 것이다.

(1) 운송시장의 안정화

영업용 화물차량의 신규공급을 제한함으로써 과잉공급을 해소하고, 구체적으로 2007년까지 신규허가를 제한하며 2007년 말 수급분석을 통해 공급제한 유지여부 결정해야 할 것이다. 그러나 택배업계에서는 물동량이 증가하고 있으므로 용달차량의 택배용 전환 지원함으로써 차량부족을 완화시켜야 한다. 2007년 4월부터 화물운송사업 허가기준 관련사항을 3년 마다 재신고토록 함으로써 부실업체에 대한 구조 조정을 상시적으로 추진하고 있다.

(2) 거점물류시설의 확충

인천공항 2단계 확충 추진함으로써 항공수요 증가에 대비하도록 해야 한다. 화물처리능력을 연간 450만톤(현재 270만톤)으로 증대시키는 공항확충사업을 2008년까지 완료하도록 한다. 인천대교와 공항철도 등 내륙 연계교통망을 2009년까지 완공하도록 하는데, 인천~김포간 1단계는 2007년에 이미 개통되었다. 2007년까지 공항화물터미널을 33만평 확충함과 더불어, 배후물류단지가 조기에 포화상태에 이를 것에 대비하여 2010년까지 30만평을 추가 개발할 계획이다. 공항·항만을 연계와 더불어 내륙 물류활동을 효율적으로 지원하기 위해 거점 물류기지 건설해야 한다. 2010년까지 5대 권역별 내륙물류기지를 완성하도록 함으로써 조립, 가공 등 부가가치 물류활동을 지원하는 체제를 갖추어야 한다.

(3) 물류정보서비스 통합화

2008년까지 국가물류통합정보센터를 구축함으로써 수송·통관 등 물류정보를 통합적으로 제공하도록 해야 한다. 무선인식기술(RFID) 표준안을 마련하여 화물과 차량 실시간 위치추적이 가능토록 해야 하는데, 이 시스템은 군포, 양산 복합화물터미널에서 시범사업 중이다. 더불어 항공물류정보망(KACIS)을 도입함으로써 항공물류분야의 종합정보도 함께 제공하도록 해야 할 것이다. 항공사·세관·터미널·물류기업 등 항공물류주체를 통합적으로 연계하여 화물 추적, 화물예약·조회, 전자결제 등 제반 정보서비스가 가능토록 해야 한다.

제2편 중국의 물류서비스

제6장 중국 물류산업의 현황과 전망

개혁개방의 원년이라고 할 수 있는 1979년부터 중국에 현대적 의미의 '물류'(logistics)개념이 처음 도입되었다. 물류 역시 이러한 배경 아래 점진적으로 현대적 모습을 갖추게 되면서 세계경제에 동참하기 위하여 시장경제로의 전환을 추진하게 되었다. 이후 새로운 변화를 모색하면서 중국의 물류산업은 규모나 기술면에서 큰 발전을 이룩하였다. 물류산업의 육성을 국가발전의 중요한 정책으로 격상시키면서 최근 들어 중국 정부는 새로운 변화의 길을 찾아가고 있다.

중국 중앙정부의 정책적 주도와 각 지방정부의 강력한 추진 하에 물류부문에 대한 투자를 강화하면서 WTO 가입과 그에 따른 개방화의 요구에 따라 물류산업의 제반 규제를 완화하고 있는 실정이다. 2004년 8월 '중국 현대물류업 발전을 촉진시키는 것에 관한 의견'을 제정하여 중앙정부차원에서는 물류산업의 현대화를 추진하고 있고, 상무부와 교통부 등이 실천적으로 물류산업과 관련한 개혁조치 및 관리방안을 수립하여 추진하고 있다. 국무원 산하에 '전국 물류발전을 위한 부처간 연석회의'가 설치되었는데, 물류관련 부서들의 혼란상황을 극복하기 위해 관련 협회를 포함하여 운영하고 있다. 지방 정부를 비롯한 지역 차원에서도 물류발전을 위한 전략과 계획이 수립되고 있는데, 선전(深圳), 베이징(北京), 톈진(天津), 상하이(上海), 광저우(廣州), 산둥(山東) 등의 지역에서 계획을 수립하여 시행하고 있다.

개혁개방 이후 중국경제의 지속적인 고도성장과 대외개방, 시장경쟁의 격화에 따라 중국의 물류산업은 기존의 전통적 계획경제체제하의 계획적 물자분배와 운송시스템의 기초위에서 새롭게 발전되었다.

1. 중국 물류업 현황

1) 사회물류총액

2006년 중국의 사회물류총액은 59조6000억 위안으로 전년대비 23.9% 증가하였는데, GDP의 연평균 성장속도를 상회하는 사회물류총액 증가율을 보여주고 있다.

2) 사회물류총비용

사회물류총비용이라 함은 국민경제에서 물류에 사용된 총지출액을 말하며 운송, 보관, 하역, 운반, 포장, 유통가공, 배송, 정보

〈그림2-1〉 GDP와 사회물류총액 증가추이

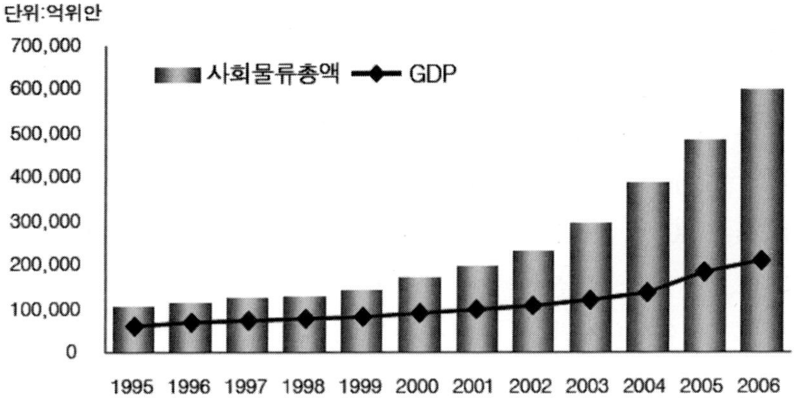

자료: http://blog.daum.net/siliyoon/11655735

〈표2-1〉 중국의 사회물류 비용

연 도	GDP (억위안)	사회물류총액 (억위안)	사회물류총비용 (억위안)	GDP대비물류비용 (%)
1991	21,617.8	30,221	5,182	23.97
1992	26,638.1	39,088	6,134	23.03
1993	34,634.4	54,315	7,892	22.79
1994	46,759.4	79,237	10,326	22.08
1995	58,478.1	101,975	12,846	21.97
1996	6,7884.6	110,288	14,930	21.99
1997	74,462.6	123,665	16,602	22.30
1998	78,345.2	128,732	16,738	21.36
1999	82,067.5	138,954	17,555	21.39
2000	89,468.1	170,561	19,003	21.24
2001	97,314.8	194,513	20,278	20.84
2002	105,172.3	232,583	21,985	20.90
2003	117,390.2	295,488	24,975	21.28
2004	136,875.9	383,829	29,114	21.27
2005	182,321	481,000	33,860	18.57
2006	209,407	596,000	38,415	18.3

자료 : 中國統計年鑒 2005)

주 : 2006 DATA : 中國物流与采購聯合會 자료임

처리 등 각 분야에 지출된 비용을 포함한다. 이것을 대별하면 운송비용, 보관비용, 관리비용으로 나눌 수 있다.

중국의 GDP 대비 사회물류총비용의 비중은 점차 감소추세를 나타내고 있지만, 여전히 여타 선진국에 비해서는 높은 편이다. GDP 대비 사회물류총비용 비율은 1991년 24%, 2000년 21.2%, 2006년 18.3%로 감소추세이이지만 대체로 10% 이하라고 할 수 있는 선진국과 비교하면 꽤 높은 편이다.

예를 들어 2006년 운송비용은 2조1018억 위안으로 2004년 대비하여 12.8% 증가하였고, 사회물류총비용에서 차지하는 비율은 54.7%로 2005년 대비 0.3% 하락한 정도였다. 보관비용은 2004년 대비 16% 증가한 2006년 1조2331억 위안으로 사회물류총비용에서 차지하는 비율은 32.1%로 2005년 대비 0.6% 상승하였다. 2006년의 관리비용은 5,066억위안으로 2004년 대비 10.4% 증가했는데 총물류비용에서 차지하는 비율은 13.2%로 2005년 대비 0.3% 하락한 상황이다.

2. 중국 물류산업의 성장

중국 국내의 사회소비품 소매판매 총액은 5조 4,000억 위안(RMB)에 이르면서 중국 경제가 고속 성장을 지속하는 사실을 보여주고 있다. 더불어 공업생산, 고정자산투자, 수출입 교역 등에 따른 수요도 빠르게 증가하고 있는 실정이다. 따라서 물류수요도 빠른 속도로 증가하고 있으며 규모면에서도 지속적으로 확대되고 있는 실정이다. 특히 10·5계획(10차 5개년 개발

계획) 기간 동안에 중국의 국가물류비는 지속적으로 고속적으로 성장하였는데, 2005년에는 48조 1,000억 위안에 이르러 전년 대비 25.2% 증가하였다. 그림 2-2에서 보는 바와 같이 2005년 국가물류비의 증가 속도가 하락하였는데, 그 주요 원인은 운수비용의 증가속도 둔화하였기 때문이다.

〈그림2-2〉 10·5 계획기간 중국의 국가물류비 및 증가추이

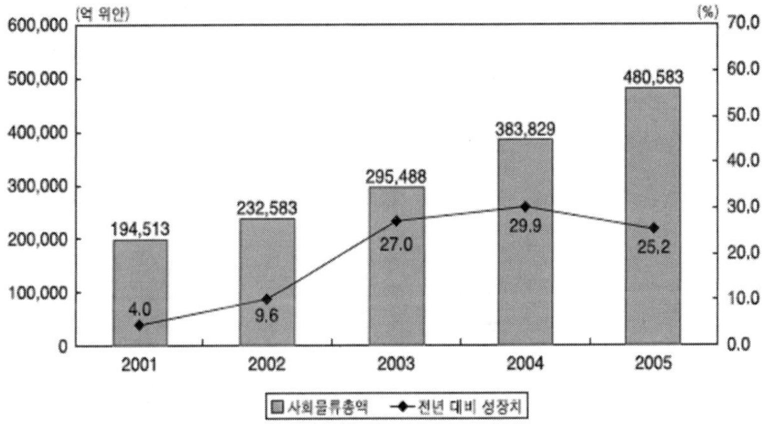

자료: 郭懷英, 중국 물류산업의 현황과 발전과제, KIET 산업경제, 2006.

그림 2-3을 보면, 10·5계획 기간 동안 중국의 물류비용은 전년 대비 성장치에서는 안정적인 추세를 보이면서 높은 수준을 유지하고 있다. 그러나 GDP에서 물류비용이 차지하는 비중은 2005년 전년 대비 0.2%포인트 하락한 18.6%를 기록하면서 여전히 높은 수치를 나타내고 있다.

〈그림2-3〉 10·5 계획기간 중국의 물류총비용 및 증가 추이

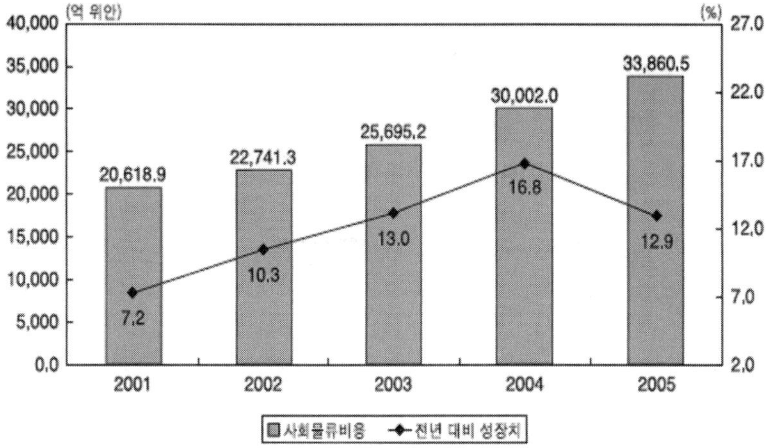

자료: 郭懷英, 중국 물류산업의 현황과 발전과제, KIET 산업경제, 2006.

중국 물류산업의 부가가치를 살펴보면 2005년에는 전년 동기 대비 12.7% 성장한 1조 2,140억 위안이었으며, 이 수치는 GDP의 6.7%(전년 대비 1.4%포인트 성장), 서비스업 총부가가치의 16.5%(전년 대비 3.5%포인트 성장)를 차지하는 수준이었는데 물류산업이 경제발전에서 차지하는 역할이 강화되고 있음을 보여 주고 있다.

3. 물류서비스의 성장

중국내 1,000여개의 물류관련기업의 2004년도 물류업무 수익총액은 전년 동기 대비 36.4% 증가한 1,694억 위안에 달했다. 특히 배송서비스업·대리서비스업·정보 및 관련서비스

그리고 유통가공업의 수익은 각각 59.8%, 52.8%, 50.8%, 36.1% 증가함으로써 소프트웨어 분야의 약진이 두드러지고 있다. 즉 기존 물류서비스업의 양대 축이라 할 수 있는 운수업의 31.4%, 창고업의 18.2%를 훨씬 웃도는 성장폭 수준이다.

중국 물류산업의 수익구조는 2005년도 총수익이 전년 동기 대비 12.7% 성장한 1조8,791억 위안을 달성하였다. 그러나 운수분야의 수익은 전년 동기 대비 0.5% 성장한 1조5,924억 위안에 그쳤으며 더구나 전체 수익에서 차지하는 비중은 전년 동기 대비 1.7%포인트 하락한 84.7%를 차지하였다. 보관업은 전년 동기 대비 26.7% 증가한 867억 위안을 기록하였으며 전체 수익에서 차지하는 비중은 전년 동기 대비 1.7%포인트 상승한 15.3%에 이르렀음을 주목해야 할 것이다.

현대식 물류서비스라 할 수 있는 배송·가공·포장 등과 같은 분야는 꾸준한 성장세를 보이고 있고, 수익성장세도 물류 총수익의 평균성장속도를 훨씬 넘어서고 있음을 주목해야 한다. 정보 및 관련 서비스업의 수익은 전년 동기 대비 28% 성장한 26억 위안, 배송업은 전년 동기 대비 28% 상승한 219억 위안에 달했고, 유통가공업의 수익은 동기 대비 27.2% 성장한 1,249억 위안, 포장업의 수익은 동기 대비 29.9% 성장한 239억 5 위안을 기록하였다. 이런 분야의 현대식 물류서비스업의 성장이 뚜렷해짐을 볼 때 이 분야의 발전에 치중해야 함을 알 수 있다.

4. 물류관리발전을 위한 정책

중국 국가발전개혁위원회와 상무부 등 9개 부처는 '중국 현대물류산업발전촉진을 위한 의견통지'를 발표하여 물류기업의 세수관리 · 통관절차 간소화 · 융자 루트 확대 및 기업부담경감 등의 분야에서 현대식 물류산업발전을 위한 각종 정책을 제시하였다. 그리고 국가발전개혁위원회를 주축으로 상무부 등 13개 부처와 2개 협회는 '전국 현대물류업무공동회의' 제도를 채택하여 정책적으로 물류산업의 발전 다원화 방안을 수립하였다.(표2-2 참조)

〈표2-2〉 중국의 물류관련 부처 및 역할

물류관련 부처	역 할
국가발전화개혁위원회(國家發展和改革委員會)	국민경제 및 발전전략 계획 중 물류전략의 계획
상무부(商務部)	포워딩업무의 관리, 물류분야에 대한 외자투자 및 기업의 해외진출업무 관리, 심사
교통부(交通部)	수운, 트럭에 관련된 인프라 정비의 계획 및 국내·국제물류업무의 관리
철도부(鐵道部)	철도와 관련한 인프라 정비의 계획 및 국내·국제물류업무의 관리
중국민항총국(中國民航總局)	항공과 관련한 인프라 정비의 계획 및 국내·국제물류업무의 관리
중국해관총서(中國海關總署)	수출입관리 및 관세 등의 관리, 밀수단속
신식산업부(信息產業部)	물류 서비스의 정보화, 정보 네트워크 구축 및 관리

자료 : 박찬익 역, 「중국물류의 기초지식」, 日通總合研究所, 2005, p. 114.

국가발전개혁위원회는 2006년 '전국적 및 지역적 현대물류 공공정보의 장 마련을 위한 지도의견'을 연구 · 제정하기에 이르렀다. 국가발전개혁위원회와 국가통계국은 '중국 사회물류통계 평가제도 시범방안'을 만들고, 교육부 · 노동부 및 사회보장부는 물류인재의 양성을 위한 교육 및 연수를 지원하게 되었다. 물류산업의 지위도 더욱 명확·공고해지게 된 것은, 이런 물류산업의 발전을 위한 각종 기초업무가 점차 완비된 결과라고 할 것이다. 더불어 지방정부들도 물류산업의 발전을 점차 중시하는 경향을 띠고 있으며, 중국의 20여개의 성시(省市)와 50여개의 중요 도시는 자체적으로 물류발전계획이 수립하였다.

5. 외자기업 물류점포망

중국 물류시장에서 해외업체들의 업무 현황을 보면, 첫째 우선 투자를 확대하고 전국적인 점포망을 늘렸으며, 경영 방식도 중외합자(中外合資)방식에서 독자(獨資)방식으로 전환하고 있는 실정이다. 둘째 중국의 항만 물류업에 진출하여 컨테이너 터미널 투자에 투자하고 화물 대리 및 선박 대리 서비스 업무를 감당하고 있으며 중국 항만 보세물류단지에도 입주하였다. 셋째 거점 물류기지를 구축하여 시장 점유 확대에 주력하고 있는데, UPS, TNT, DHL, FedEx는 거액을 투자하여 상하이, 베이징, 홍콩(香港), 광저우(廣州)에 아태(亞太)지역 특급배송센터를 구축하기에 이르렀다. 넷째 해외업체들은 라이센스를 발급하는 물류교육시장과 같은 물류인재양성 분야에도 진출하고 있음을 주목해야 한다. 다섯째 공급망 설계 및 공급망 관리 시장에 진출하여 구매 및 공급망의 소프트웨어 시장을 확대해 가고 있다. 여섯째 물류장비시장에 진출하여 물류운송설비, 전기동력 공업차량, 팔레트 및 팔레트 공용시스템

(Palletization System), 자동 입체창고 및 자립 주행방식 무인반송차 분야와 같은 사업에까지 영역을 확대하고 있다. 일곱째 독일의 하노버 전시회사와 뮌헨 국제 전시회사와 같이, 물류 전시·컨벤션 산업에 진출하기도 하였다.

6. 중국의 물류산업

중국에는 이제 물류기초설비 및 장비에 있어서도 급속한 발전이 이루어진 전문적 물류기업이 속속 출현하고 있다. 중국은 경제와 대외무역의 지속적 발전을 위해서는 중국 물류산업의 발전이 필수적임을 인식해야 할 것이다.

중국 물류산업의 특성은, 첫째 물류에서 발생하는 '제3의 이윤원천'에 대한 사회의 인식이 제고되고 있다. 즉 물류 관리를 최적화함에 따라 물류비용을 절감하려는 노력이 중국의 많은 기업들에서 나타나고 있는 것이다. 전문화된 물류서비스 형태가 나타나야 명실상부한 물류비용 절약과 물류산업이 한 단계 더 발전할 수 있겠지만, 시작단계라고 하더라도 발전의 속도는 매우 빠르다. 가장 직접적인 효과를 가져오는 다국적 물류기업이 중국 내에서 생산경영, 판매배송 및 구매활동을 진행함으로써 전문화된 물류서비스의 거대한 수요가 중국 물류산업의 발전을 촉진시키고 있다. 더불어 중국내에서도 대기업의 물류서비스 수요도 전문화되고 있는데, 하이얼(海爾), 칭다오맥주(青島麥酒), 상하이바오강(上海寶鋼) 등의 경우 시장 확대의 과정에서 기업내부의 물류시스템을 계속적으로 개선하는 동시에 전문화된 물류서비스를 이용하고 있다. 둘째, 국유제 외에도 민영 혹은 주식제 등의 물류기업이 나타났고, 경쟁적 물류시장구조가 형성되어 가고 있다. 전통적 운송, 창고, 도매업에서 전환된 물류기업의 경우는 본래의 물류업무기반과 고객, 설비, 경영 네트워크 상의 우위를 활용하여 물류서비스의 영역을 지속적으로 확대함으로써 현대적 물류기업으로 탈바꿈한 예로는 SINOTRANS(中外運), COSCO(中遠) 등이 있다. 광저우(廣州)의 바오공(寶供), 베이징(北京)의 훠윈통(貨運通) 등은 국가의 정책적 지원 아래 비교적 선진화된 경영이념과 다양한 서비스 수단, 과학적 관리방식을 도입함으로써 제3자 물류기업으로 탄생하였다. 중국이 WTO 가입을 통하여 시장을 개방함으로써 세계적 수준의 전문물류기업이 중국 시장에 진출하게 되어 선진물류서비스와 기술이 유입되고 있다. 따라서 물류서비스 방식도 화물운송대리, 상업배송, 복합운송, 창고보관, 유통가공 등 전문화되고 있다. 셋째, 물류 인프라 즉, 교통운송, 창고설비, 정보통신, 화물포장 및 운송 등의 물류기초 인프라 및 장비 면에서도 비교적 순탄한 발전을 이루어 가고 있다. 구체적으로 철도, 도로, 항만(내륙운하 포함), 항공, 파이프라인 등 5가지로 구성된 종합적 운송체계를 구축해 가고 있고, 운송노선과 터미널 건설 그리고 운송차량 및 장비 면에서도 빠른 발전을 이룩하였다. 더불어 대규모 물류단지와 물류센터 및 배송센터가 생겨 물류의 핵심축이 형성되어 가고 있으며, 경제발전과 기술진보에 따른 공용통신망의 확충, 기술 및 서비스 부문에서도 실질적인 진전이 나타나고 있음은 고무적인 일이다.

제7장 중국의 항만 물류

1. 중국의 항만

중국 무역 수출입은 연 20% 이상의 성장률을 유지하면서 성장하고 있는 실정이다. 따라서 중국 항만 물류는 꾸준하게 발전하여 전체 물류의 중에서 중요한 위치를 점하고 있다. 수출지향형 경제가 계속 발전하면서 항만 물류의 전체 규모는 계속 확대될 것으로 보인다. 특히 수출입 무역의 중추인 대형 항구는 지역경제 발전에 따라 주도적인 역할을 할 것이다.

경제의 발전에 따라 대규모 교통 인프라시설이 구축되면서 현대적 시설을 갖춘 대규모 항구와 공항은 종합 운송망의 핵심 구성부분이자 물류 발전을 위한 중요한 요소이다. 주요 항만 시설과 내륙 물류 시스템을 결합시키면 높은 효율의 물류 서비스 환경을 조성할 수 있다. 더불어 이러한 선진 물류시스템은 생산원가, 유통원가를 절감시킬뿐더러 배후 산업단지의 확장을 가져와서 산업의 발전에 중추적 역할을 감당하게 된다.

곧 항만 물류는 운송, 창고보관 및 배송, 유통 및 가공, 개항지 통관, 부가 서비스 등의 물류과정 전체를 감당하는 수출입 무역의 핵심을 이루고 있다. 더불어 항만 물류의 발전은 수출입 무역의 물류 비즈니스 정보의 효율적 연결과 대외경제 경쟁력 향상에 커다란 도움을 준다. 항구, 항공, 도로의 강점이 현대 물류산업과 결합되면 항만을 중심으로 물류의 기능이 통합되는 추세가 일반적으로 나타날 수 있다. 현대화된 시설을 갖춘 물류센터와 물류전문회사가 항만지역에 집중되어 기존의 서비스와 상호 보완적인 역할을 감당하게 될 것이다. 즉 항만 물류 서비스가 확대되면서, 종합적인 기능이 강화될 것이 확실하다.

물류의 양적 성장이 더해지면 물류 서비스에 대한 고객의 요구 또한 커지게 될 것이므로 항만 물류의 전문화 분업이 요구된다. 그러므로 항구에 위치한 물류업체들은 전문성을 살려서 물류의 전문화를 추진하여 경쟁력을 높임으로써 물류수요에 대응해 나가야 할 것이다. 항만 물류의 발전은 지역 경제의 발전과 통합을 핵심적 역할을 하게 됨은 주지의 사실이다. 중국의 항만 물류는 산업 자원을 장강삼각주, 주강삼각주와 환발해지역으로 집중시키며 발전해 나갈 것으로 예견된다. 사실 뚜렷한 집중 효과가 장강삼각주의 상하이, 닝보(寧波), 주강삼각주의 홍콩, 선전(深圳), 환발해지역의 칭다오(靑島), 톈진(天津), 다롄(大連) 등 항구 도시들에 나타나고 있다. 중국 물류 발전에 새로운 기회가 나타난 것은 아세안 자유무역지대(AFTA)와 한중일 자유무역지대의 적극적인 추진되고 있기 때문이기도 하다.

중국 항만 2004년 7,703만 TEU를 처리하여 전년대비 20%의 물동량 증가율을 나타냈다. 이 수치는 동북아 항만 물동량의 63.5%이며, 세계 총 물동량의 21.7%에 해당한다. 비록 중국항만의 물동량 처리 비중이 2003년에 소폭 감소하였지만, 정부의 적극적인 시장 개방 노력과 산업 및 경제의 고도화에 힘입어 증가일로에 있다. 상하이, 선전, 다롄, 칭다오, 톈진, 셔

먼, 광조우, 닝보항 등 8대 항만은 2004년 중국 총 항만물동량의 64.1%인 4,937만 TEU를 처리하였고, 전년대비 21.7%의 높은 성장률을 달성하기에 이르렀다. 특히 상하이항은 전년대비 22.5% 증가한 1,456만 TEU를 처리하여 세계 3위 항만의 입지를 확고히 하였으며, 선전항은 전년대비 22.3% 증가한 1,365만 TEU를 기록하여 세계 4위를 점하였다. 칭다오항은 514만 TEU를 처리하여 세계 14위를 차지했고 톈진항은 381만 TEU를 처리하여 세계 18위로 부상하였다. 특히 닝보항은 전년대비 30.7% 증가한 400만 TEU를 기록하면서 세계 17위로 급부상하였고, 광조우항은 331만 TEU, 샤먼항은 287만 TEU을 처리하면서 각각 세계 24위, 26위의 자리를 차지하였다. 따라서 중국의 7대 항만 중 다롄항을 제외한 6개 항만이 세계 20위권으로 진입하게 된 것이다.

중국 주요 컨테이너 항만들은 2006년 상반기에도 물동량 처리실적에서 두자리수 성장을 지속하고 있는 실정이다. 특히 광저우항이 톈진항을 앞서면서 빠르게 성장하고 있는 것으로 나타났다. 광저우항은 상반기 중 304만 TEU를 처리함으로써 전년 동기 대비 49%의 성장세를 나타냈다. 그 이유는 2004년 9월에 신규 개장한 난샤항 4선석의 운영에 따른 결과라고 할 것이다. 지난 5년간 급속한 성장세를 나타냈던 닝보항은 상반기에 37%의 급속한 성장세를 나타내면서 321만 TEU의 화물을 처리하기에 이르렀다. 양산항은 5개 선석에서 127만 TEU를 처리함으로써 개장 첫해에 연간 적정 처리능력 250만 개를 초과하는 수준에 이르렀다. 세계 10위권에 칭다오, 톈진, 닝보, 다리엔, 광조우항 등 중대형 항만들이 대거 진입하게 될 것으로 보이는 관계로, 동북아 항만구도에 변화를 가져올 것이 예견된다.

2. 항만정책

중국에는 상하이(上海), 다롄(大連), 친황다오(秦皇島), 톈진(天津), 닝보(寧波), 칭다오(青島), 광저우(廣州), 선전(深圳) 등 8대 항만 등 많은 항만이 1.8만km의 해안선을 따라 연해 항만에 위치하며 연간 1억 톤 이상의 물동량을 처리하고 있다. 그리고 황허(黃河), 창장(長江), 주장(珠江) 등 주요 내륙운하에도 다수의 항만이 구축되어 있어서 연해지역 항만과의 연계망을 이루고고 있다. 항만은 종합교통의 허브로서 여객 및 화물의 집산지이며 국민경제와 지역경제발전에 있어 중요한 역할을 감당하고 있다. 특히 중국의 개혁·개방에 따른 경제특구의 설치는 연해항만지역을 중심으로 진행되어 오면서 항만은 대외교역 및 외자도입의 출입구로서 중국경제 성장의 견인차 역할을 담당해 왔다.

중국은 전면적 샤오캉(小康)사회의 건설을 모토로 하여 지속가능한 발전전략을 추진하려 하고 있는데, 항만은 지역경제와 대외무역의 발전을 이끄는 중추역할을 담당하고 있다. 그리고 항만은 국제협력을 촉진하면서 국제사회에서 경제대국으로서의 지위를 차지하는데 있어 중요한 요소로 대두되고 있다. 항만 운송은 전체 화물운송량의 10% 내외에 불과하더라도, 꾸준한 증가세를 보이고 있고, 그 증가폭 또한 매우 큰 실정이다.

중국 항만의 장기개발전략을 살펴보면 다음과 같다. 첫째로, 2010년까지 900개의 심수 선석을 정비하여 7,500만 TEU의 해상 컨테이너 물동량을 처리할 수 있는 능력을 갖추는 것이다. 둘째, 허브 항만으로서의 지위 확립과 국제경쟁력 강화를 위하여 2020년까지 1,100개의 심수 선석을 정비하여 2억 8,000만 톤의 화물을 처리하는 것으로서, 항만이 지역의 물류거점 또는 국제물류센터로서 기능할 수 있도록 확대하는 것이다. 세 번째로서는, 2040년까지 대형 및 중.소형 항만들을 적절히 배치하여 지역경제의 발전에 적합한 항만군을 형성하면서, 최고 수준의 항만서비스를 제공하는 것이다.10)

중국 교통부는 '전국연해항구발전전략(全國沿海港口發展戰略)'과 '장강삼각주, 주강삼각주, 발해만 3개 지역 연해항구건설계획'을 발표했다. 이에 따르면 교통부는 선전, 광조우항을 포함한 주강삼각주 지역을 '주강삼각주 항구군'으로, 상하이, 닝보항을 포함한 장강삼각주 지역을 '장강삼각주 항구군'으로, 또한, 다리옌, 티옌진, 칭다오항 등을 '환발해만 항구군'으로 지정하고 이 지역에 컨테이너 터미널과 대량화물 전용터미널 등 대형 항만을 집중적으로 건설할 계획을 가지고 있다. 더불어 각 항만의 개발은 대규모의 배후단지와 산업단지 개발을 병행하게 되어 물류기능을 강화하고 지역 산업과의 연계성을 확대할 계획을 세우고 있다.

곧 중국 교통부의 이러한 정책은 중국 경제와 물류가 직면하고 있는 세 가지 문제에 기인하여 추진하게 된 것이다.

---

10) 한철환·우종균, 『북중국 항만발전이 우리나라 환적화물 유치에 미치는 영향』, 한국해양수산개발원, 2004.12.

첫째, 중국 수출입 물동량의 급속한 증가추세가 지속되면서 항만 인프라의 부족 가능성이 심각하게 대두되고 있다는 점이다. 일반부두의 경우, 철광석, 석탄, 유류 등 대량화물의 수입이 크게 증가하면서 항만적체가 심각한 문제로 대두되고 있고, 컨테이너 터미널 역시 주요 대형항만을 중심으로 시설부족에 따른 적체의 가능성이 나타나고 있다. 현재 계획되어 있는 항만개발 사업에도 불구하고 일반부두는 2010년에 석탄 3억 3,000만 톤, 원유 8,000만 톤, 광석류 3억 5,000만 톤 규모의 항만시설 부족현상이 나타날 것으로 예상된다. 그리고 컨테이너 터미널은 2010년에 8,200만 TEU 규모의 시설부족이 발생할 것으로 전망되는데, 이에 따라 교통부는 3개 항구군을 중심으로 기존에 계획된 항만개발사업은 물론, 신규 항만개발사업을 적극 추진하고 있다. 무엇보다 컨테이너 터미널과 대량화물 전용터미널 건설에 투자가 집중될 것으로 보인다.

둘째로, 중국은 항만배후지역에 국가경제기술개발구(National Economic and Technological Development Zone), 자유무역지역(National Free Trade Zone), 국가국경경제협력구(National Border and Economic Cooperation Zone), 국가 가공조립구(National Export Processing Zone) 등 4가지의 경제특구를 운영해 왔다. 그렇지만 이들 지역은 중국의 대외개방의 창구인 동시에 경공업, 가공조립, 재수출산업의 육성을 위한 목적으로 운영되고 있는 관계로, 물류기능보다는 산업기능이 강조되어 왔음을 부인할 수 없다. 즉 중국 항만이 넓은 항만배후단지를 보유하고 있지만 물류기능이 발달하였다. 따라서 항만 배후지역에 대규모의 물류단지를 개발하고 이를 항만과 산업단지를 연결하는 고부가가치 물류산업 공간으로 육성하고자 한다. 즉 산업지역과 물류지역을 분리하고 이를 비즈니스 기능과 연결하여 클러스터화하면서 항만을 중심으로 한 선진형 물류구조를 갖추는 계획을 추진하고자 한다.

3. 항만물류 전망

중국 항만 물류의 주요 내용은 첫째, 중국의 항만을 3대 항구군으로 구분하여 발전시키는 것, 둘째, 대량화물 전용터미널을 개발과 중화학공업의 연안배치를 통해 항만 중심의 산업 및 수출입 구조를 구축하는 것이다. 물론 항만의 배후지역에 대규모의 물류단지를 개발하여기존의 산업 중심에서 물류중심으로 항만의 기능을 개편함과 더불어 항만의 물류기능을 강화하고자 한다. 이것은 각 경제권역으로 하여금 독자적인 산업, 물류체계를 구축토록 하여 명실상부한 현대적 물류체계를 구축하기 위한 것이다.

3대 항구군의 항만개발 계획을 살펴보면, 2010년 기준으로 환발해권 항구군은 화물처리능력이 2,900만 TEU를 넘어서게 되며, 장강삼각주 항구군은 3,100만 TEU를 초과하게 된다. 그리고 주강삼각주 항구군은 2,000만 TEU에 달하게 되는데, 난샤항의 개발이 전격적으로 추진된다면 2,500만 TEU를 초과하게 될 것이다.

중국에서 개발 중인 항만들은 대부분 초대형선의 기항에 대비하여 설계, 건설되고 있으며 기존 항만도 시설 현대화에 심혈을 기울이고 있다. 더구나 대부분의 항만들은 외항선기항을 위한 선석과 피더선석을 동시에 개발하고 있음을 주목할 필요가 있는데, 이것은 초대형선 서비스 체계를 준비하면서 항만개발 및 운영전략을 추진해 온 결과이다. 이런 변화는 급증하는 물동량과 함께 정기선사들이 중국 항만을 중심으로 기항하도록 물류서비스를 제공하고자 하는 계획 아래 실행되고 있다.

중국은 각 지역 경제권이 독자적인 국제물류 네트워크를 구축하기 위한 전략을 추진하면서, 3대 항구군을 지정하고 항만개발을 확대하고 있다. 즉 지역경제권의 수출입 물동량을 처리할 수 있는 충분한 시설과 기능을 확보하기 위하여, 장강삼각주와 주강삼각주 지역은 물론 환발해권 지역의 대규모 항만개발을 추진하고 있는 것이다. 이것은 북중국 화물의 환적을 통한 동북아 허브성장 전략을 추진하고 있는 우리나라에 적지 않은 영향을 줄 것으로 보인다. 특히 다롄항은 총 116개 선석 규모로 항만을 확장하고 있으며, 톈진항은 항만 여건 상 인공섬 조성하여 컨테이너 터미널 개발을 서두르고 있는 실정이어서, 더 이상 수심이나 항만 시설부족과 관련하여 우리나라 항만이 환적화물 유치하기는 쉽지 않을 것이다.

중국 항만 배후 지역은 물류기능보다는 산업기능이 강조되어 왔는데, 그 결과로 항만 물류체계의 비효율성이 지적되어 왔다. 그렇지만 중국 항만 물류 정책이 변화함에 따라 물류체계도 근본적으로 개선되고 있다. 더불어 2007년부터 항만개발, 배후단지 개발 및 운영 등 각종 항만분야에 대한 시장개방을 확대하는 단계에 있어, 세계 기업유치를 위한 국제적 경쟁이 가열될 것으로 보인다.

부산항 전체 컨테이너 물동량 처리실적은 2006년 상반기 기준으로 574만 TEU로서 작년 동기에 비해 0.8% 증가하는데 그쳤다. 특히 중국 주요항만에 직기항이 증가함에 따라 부산항의 환적화물은 253만 TEU를 기록함으로써, 전년 동기 대비 0.5% 줄어든 상태이다. 따라서 중국 항만 개발의 가속화에 따라 우리나라 항만의 입지가 위축될 것이란 우려가 나타나고 있어서 항만 개발과 운영에 대한 새로운 발상과 방향 모색이 필요한 시점이다.

제8장 중국의 항공물류

광활한 영토를 보유하고 있는 중국은 신속한 여객 및 화물 운송을 위해 항공교통이 필수불가결한 수단이었으면서도, 오랫동안 정치적 경제적 상황을 이유로 항공산업이 발전해 오지 못했다. 그러나 개혁개방 이후 국내외 운송의 수단으로서 항공교통의 급속한 발전이 이루어졌다. 따라서 중국의 항공운송업은 전 세계에서 가장 큰 잠재력을 갖춘 시장의 하나로 여겨지고 있다.

1. 중국의 항공물류

중국의 민항 사업이 처음 개시된 계기는 1942년 11월 2일 중국민용항공국(中國民用航空局)이 창립되면서 부터이다. 1980년 공군 소속이던 민용항공국이 국무원 산하로 편입되어 '중국민항(中國民航, CAAC, Civil Aviation Administration of China)'이라는 명칭으로 민항 사업이 본격화하였다. 1987년 개혁을 시작으로 중국민용항공국은 6개 지역을 대표하는 6개 공항을 중심으로 6개 항공사를 설립하기에 이르렀다. 2002년 3월 민항 사업 재개혁을 시행하고, 중국민항총국 직속의 항공사 및 항공서비스회사를 구조조정하면서 3개의 항공사 및 3개의 서비스회사로 통합한 결과, 2004년말 중국의 공항은 133개이며 정기 항공편 운항도시는 모두 132개에 이르렀다. 중국국제(國際), 동방(東方), 남방(南方)등 중국민항의 3대 항공사의 보유 항공기는 총 754대로서, 중국민항의 2004년 총수송량은 230억 톤-㎞로 세계 3위 항공사의 자리를 차지하였다.

중국민용항공국(중국민항, CAAC)의 출범

1980년 3월 국무원 직속기구로 설립된 중국민용항공국(中國民用航空局, 약칭 중국민항, 이후 1993년 4월 중국민용항공총국(中國民用航空總局)으로 개칭)은 산하에 북경, 상하이(上海), 광저우(廣州), 청뚜(成都), 란저우(蘭州), 션양(瀋陽) 등 6개의 지역관리국을 설치. 1980년 중국민항은 140대의 항공기와 79개의 공항을 운영하여 343만명의 여객 및 4억 2,900만 톤-㎞의 실적을 기록함으로써 세계 35위의 항공사 자리를 차지함.

항공사와 공항의 분리

1987년 항공사와 공항을 특징별로 분리하는 체제로 개혁을 하였는데, 민항 산하의 6개 지역관리국의 자산과 인력을 분리하고, 6개의 국영항공사를 설립하여 자율경영, 독립채산 및 경쟁체제를 유지토록 함. 6개 국영항공사는 국제(國際)항공, 동방(東方)항공, 남방(南方)항공, 서남(西南)항공, 서북(西北)항공 및 북방(北方)항공이며, 종전의 민항 산하의 6개 지역에 각각 기반을 구축하였음. 1989년 7월에는 일반 항공업무 및 항공운수 업무를 겸업하는 중국통용항공공사(中國通用航空公司)를 출범시킴.

공항 관리체제 개편

기존 6개 지역의 지역관리국은 민항 화북(華北-북경), 화동(華東-상하이), 중남(中南-광저우), 서남(西南-청뚜), 서북(西北-시안), 동북(東北-선양) 등 6개의 지구관리국(地區管理局)으로 개편. 해당 공항 민항업무의 정부부문 및 기업의 관리와 해당성의 항공관리국 및 공항의 업무를 통괄하도록 함.

항공 서비스체제 개편

1990년 중국항공유료총공사(中國航空油料總公司)를 설립하여 종전 민항의 각 급유부문을 재조직함. 중국항공기재공사(中國航空器材公司)도 설립하고 항공 기자재(항공기, 엔진 등) 수출입업무를 전담토록 함. 전국 항공권 전산 매표시스템 관리 및 개발을 담당하는 전산정보센터(計算機信息中心), 항공운수의 국제 결제를 담당하는 항공결제센터(航空結算中心), 여타 항공기 정비회사 및 항공식품회사 등도 설립함.

민항 체제 추가 개편(2002년 3월) 내용

민항 6대 그룹사(集團公司)로 개편 : 중국항공(中國航空集團公司), 동방항공(東方航空集團公司), 남방항공(南方航空集團公司), 중국민항정보(中國民航信息集團公司), 중국항공유류(中國航空油料集團公司), 중국 항공 기자재 수출입(中國航空器材進出口集團公司) 등 6개 그룹사로 개편함. 민항총국 직속의 7개 지구관리국(地區管理局) 설립(화북(華北), 동북(東北), 화동(華東), 중남(中南), 서남(西南), 서북(西北), 신강(新疆)) 및 26개 성급 안전관리감독판공실(安全監督管理辦公室)을 설치함.

관리부문 개편

각 공항의 관리를 위하여 정부와 기업의 분리 및 소속지역관리원칙으로 90개 공항의 자산, 관리업무, 책임과 권한, 인력 등이 민항총국으로부터 지방(성 및 직할시)에 이관되었음. 민항총국과 지방정부가 연합 관리하는 민용공항 및 군·민 공용 공항의 자산, 관리업무, 책임과 권한, 인력 등은 민항총국으로 이관됨. 북경 수도공항(首都機場) 및 시장(西藏)자치구 구역내 민용 공항은 민항총국의 관리체제로 변경시킴.

2. 항공 산업

중국민항은 2002년3월 6개의 항공사를 3개로 통합하고 지방항공사들도 대대적인 구조조정 작업으로 6개 항공사로 통폐합하였다. 중국은 항공 운송 인프라 개발에 노력을 기울여 수십개의 새로운 공항을 건설하였고 기존의 공항도 보수하기에 이르렀다. 그렇지만 항공운송 기반시설 투자는 상하이, 베이징, 광저우를 중심으로 이루어졌고 중국전역에 143개의 공항이 있으며 2015년까지는 111개의 지방공항이 추가로 건립될 예정으로 있다. 그러나 2001년 11월 WTO 가입을 계기로 기존 국제항공정책으로는 자국의 항공산업 보호와 육성에 한계를 인식하고 9개의 국영항공사를 Air China, China Eastern, 그리고 China Southern 등 3개의 그룹으로 2002년 10월에 개편하여 대형화를 추진하고 있다. Air China 그룹에는 Air China, China

Southwest, China National Aviation Corporation, Zhejiang Airlines, Dragonair로 구성되고, China Eastern 그룹은 China Eastern Airlines, Yunan Airlines, China Northwest, Great Wall Airlines, 마지막으로 China Southern 그룹은 China Southern Airlines, China Northern Airliners, Xinjiang Airlines로 구성되었다.

지방에는 하이난 항공(海南航空有限公司, Hainan Airlines, HU), 상하이항공(上海航空公司, Shanghai Airlines, FM), 쓰촨항공(四川航空公司, Sichuan Airlines, 3U), 샤먼 항공(厦門航空公司, Xiamen Airlines, MF), 선전 항공(深圳航空公司, Shenzhen Airlines, ZH), 산둥항공(山東航空公司, Shandong Airlines, SC) 등이 자리잡고 있다.

민용공항의 실정을 살펴보면 대부분 군사적 목적으로 사용되던 소규모의 공항들로 여전히 낙후된 시설을 가지고 있다. 따라서 국제공항으로서 역할을 제대로 하고 있는 곳은 베이징 셔우두(首都)공항, 상하이 푸동(浦東)공항, 광저우 바이윈(白云)공항 등 몇개에 불과한 실정이다. 따라서 중국 항공 인프라의 시설은 확대되는 운송수요에 훨씬 못 미치는 관계로 심각한 물류적체를 유발하고 있다. WTO가입 이후 경제의 고속성장추세가 계속되면서 동시에 고부가가치 화물의 수출입이 늘어나는 추세에 있어서, 중국은 21세기 국제항공화물수요를 제대로 감당하기 위하여 항공시장의 개방화는 불가피하다. 그러나 항공화물운송업은 여객기를 위주로 이용되고 있어서, 화물기의 증가가 요구되며 2022년까지 중소형 화물기를 포함하여 모두 129대가 화물운송에 투입될 계획을 가지고 있다.

'외상투자민용항공업규정(外商投資民用航空業規定)'을 2002

년 8월부터 시행하게 되면서 외국항공사에 대한 규제를 완화하는 차원에서 외국항공사와 국내항공사의 합작투자를 허용하게 되었고, 특히 항공기 정비를 위한 외국기업의 진출을 허용하고 있는 실정이다. 일부 항공시장개방에 따른 영향이 적을 것으로 예상되는 하이난(海南)을 시점으로 2003년부터 항공시장의 대외개방을 점진적으로 추진하고 있는데, 특히 같은 해 8월에는 처음으로 싱가포르 항공사에 '제5항공권'을 개방하기도 하였다.

2004년 7월에 체결된 중.미간 항공협정에 따르면 주당 운항편수가 54편에서 2010년까지 점차적으로 249편까지 증편되고, 상대국의 취항지역에 대한 규제를 완전 철폐하여 상대국의 어느 도시나 취항이 가능하도록 할 예정으로 있다. 특히 증편되는 195편 가운데 111편이 화물기 운항이라는 점을 주목해 할 것이다. 그리고 프랑스, 오스트리아, 이태리 등 유럽국가와의 항공협정도 진전을 보이고 있으며, 항공시장의 대외개방이 가시화되고 있다.

베이징, 주장삼각주의 광저우, 선전, 그리고 상하이의 푸동(浦東)과 홍챠오(虹口) 공항이 중국 공하의 1-5위를 차지하고 있는데, 그 중에서도도 베이징, 상하이, 광저우 등 3대 허브공항은 중국 전체 항공시장의 26.4%와 여객수송량의 28.5%를 차지하고 있는 실정이다. 그 중에서 가장 큰 비중을 차지하고 있는 지역은 주장(珠江)삼각주 지역으로 전체 국내취항노선의 약 17%를 차지하고 있으며, 항공운송능력은 중국 전체의 17.4%를 차지하고 있고, 베이징과 상하이가 각기 10.5%와 8.6%를 점하고 있다. 그러나 단일 공항으로서 이착륙 횟수로만 산정할 때 베이징 셔우두(首都)공항이 전체의 10.5%를 차지할 정도로 가장 크고, 여객수송도 중국 전체 수송량의 11.8%를 점하고 있어서 가장 비중이 높다고 할 수 있다. 지역적 집중도가 매우 높게 나타나고 있는데, 베이징, 상하이, 광저우 등 3대 공항이 전체 여객수송량 및 화물운송량의 각기 37.7%, 56.3%를 차지하고 있는 실정이다. 특히 화물운송실적을 보면 1999년 개항한 상하이 푸동(浦東)공항이 2002년부터 베이징 셔우두 공항을 제치고 1위 자리를 지키고 있다.

중국민항총국은 중국 공항을 지역별로 화북, 동북, 화동, 중남, 서남, 서북, 신장(新疆) 등으로 구분하여 관리상의 편의를 도모하고 있다. 2004년을 기준으로 여객 및 화물운송실적을 보면, 상하이의 푸동 및 홍구 공항을 보유하고 있는 화동지역이 각기 전체의 32.3%, 47.32%라는 우위를 차지하고 있고, 광저우, 선전공항을 포함하고 있는 중남지역과 베이징공항을 포함하는 화북지역이 그 뒤를 따르고 있다. 충분히 예견되는 바와 같이 동부지역이 여객수송량 및 화물운송량에 있어 전체의 67.7%, 82.3%로 압도적인 위치를 차지하고 있는 관계로, 중·서부지역, 그 중에도 특히 중부지역의 경우 운송실적이 매우 저조함을 주목할 필요가 있다. 따라서 항공운송은 동부연해지역의 공항을 허브로 하여 중서부 내륙지역의 간선공항과 연결되어 있고, 더불어 동부연해지역의 공항은 국제 항공운송에 더욱 역점을 두고 실정이다.

국내 항공사의 항공운송 수요는 2007년 2월 현재 25억1천만 톤킬로미터(t-km)로 전년 동기 대비 23.9% 증가하였고, 여객수송규모 1363만9천명, 화물우편 수송규모는 24만톤으로 각각

22.1%와 28.2% 증가함으로써 대규모 성장을 시현하고 있다. 특히 국내선 화물 수송량이 현저히 증가하였음을 알 수 있다.

국제선의 경우를 살펴보면 여객과 화물 수송 모두 비해 빠른 증가세를 보여주고 있다. 여객 수송은 2007년 2월에 전년 동기 대비 28만명을 더 실어날음으로써, 2006년 2월보다 28.2% 늘어난 126만1천명에 달했다. 화물우편은 6만8천톤을 수송하여 27% 증가하였다. 국제선 여객 및 화물 수송은 2007년 1월에서 2월까지의 누적 증가량은 각각 21.3%와 29.1%에 달하였다. 이런 국제 화물우편 수송의 증가는 수출입 무역 증가가 원인이기도 하지만, 중국 국제선의 경쟁력 향상되면서 동시에 항공사의 수송력이 증대된 것과 연관이 있다.

특히 중국은 2004년 SARS로 인한 항공운수 산업의 침체를 계기로 항공사지원과 공항인프라 건설에 박차를 가하였다. 즉 항공운송의 안전기준 준수와 전담책임제 실시를 통한 안전 확보에 노력을 기울였으며, 무엇보다 실질적인 항공시장 진입 허용확대 및 규제완화 등을 통하여 시장개방을 통한 경쟁력 강화를 유도하였다. 더불어 항공통계 DB 구축 및 정보 수집과 이용률 증진을 위한 조직 개편 및 개선을 이루고자 하였다.

2004년 7월 24일 미국-중국 간 항공협정을 체결은 한국에도 상당한 영향을 미칠 것으로 판단되는데, 중국이 항공운송 생산성 향상을 위해 관리 및 운영체제를 정비하는 것과 더불어 예의주시하며 대비책을 마련해야 할 것이다. 중국은 특정지역과의 항공자유화 특히 항공화물부문 자유화를 정책적으로 추진할 것으로 판단되며, 항공사별로는 서비스 개선과 경영혁신을 통한 경쟁력강화에 힘을 기울이고, 동시에 안전관리 체계를 정비하게 될 것이다. 더구나 2008년 베이징 올림픽의 성공적인 개최를 위하여 항공운송 산업 발전의 발전에 더욱 힘을 쏟아 아시아 역내에서의 항공산업 주도권 확보에 심혈을 기울일 것으로 보인다.

제9장 중국 내륙물류

1. 도로

2006년 말 기준으로 중국의 도로 총연장은 228.29만㎞로서 2005년 대비 35.24만㎞ 증가하였으며, 그 중에서 고속도로는 총 45,339㎞로 전체 도로의 1.98%를 차지하면서 2005년 대비 4,334㎞ 증가하였다.

따라서 중국의 고속도로망은 아시아 32개국을 잇는 이른바 '아시안 하이웨이'(Asian Highway)에의 접근성이 한층 강화되어 아시아 국가들과의 인적·물적 교류가 점차 확대될 것으로

보인다. '아시안 하이웨이'를 따라 한국의 경우 부산을 기점으로 동남아시아나 중앙아시아 또는 러시아를 거쳐 유럽까지 이어지게 된다. 특히 중앙아시아를 연결하는 고속도로 건설이 활기를 띠면서 신장자치구가 물류 기지로 부상하고 있다.[11] 중국의 신장자치구는 중앙아시아 8개국과 국경을 맞대고 있는 교통의 요충지이기도 하다. 2026년까지 88,500km의 신규도로와 고속도로가 건설되어 중국의 고속도로망은 미국의 주간(州間, interstate)) 고속도로망과 유사한 수준이 될 것으로 보인다. 2010년까지 철도 총연장은 16,996km로 확충될 예정으로 있다. 고속도로 건설 초기에는 주요도시를 연결하면서 건설되었지만, 그 후 성과 성을 관통하는 건설로 대규모 전환을 꾀하고 있어서, 매년 3,000 ~ 5,000㎞의 고속도로가 새로이 건설되고 있다. 그 결과 경제가 발달한 지역과 인구가 밀집한 도시 지역에는 고속도로망이 이미 비교적 잘 형성되어 있는 실정이다.[12]

중국은 5종7횡(五縱七橫)의 국도 주간선 계획(國道主幹線規劃)과 각 지역별 고속도로 건설계획을 수립 실천하고 있다. 1990년 전후로 제정된 국도 주간선 계획은 1998년 건설을 시작하여 중국대륙을 동서남북으로 연결하는 5종7횡 계획에 따라 고속도로 건설을 추진하여 왔다. 이 계획은 총길이가 35,687km에 이르며, 남북을 잇는 5개의 도로와 동서를 잇는 7

11) 신장자치구는 남쪽으로 티베트 자치구, 동쪽으로 몽골, 북쪽과 서쪽으로 러시아, 카자흐스탄, 키르기스스탄, 타지키스탄, 아프가니스탄, 파키스탄, 인도에 접해 있다. 중앙은 분지와 사막으로 이루어져 있고, 그 주위는 산지로 둘러싸여 있다.

12) http://blog.daum.net/siliyoon/

개의 도로로 구성되어 있다. 제11차 5개년 계획기간 중에 5종 7횡의 국도 주간선망을 전부 완성하고, 도로총연장을 230만km로 확충하려는 것이다. 그 다음으로 간선도로는 정치적·경제적·군사적 중요성을 갖는 국가·성·구 도로와, 현이나 공사(公司)에서 운영하는 지방도로, 공장·광산·국영농장·산림관리기구·군대에서 운영하는 특수 목적의 도로들로 구성된다.

5종(五縱)	7횡(七橫)
퉁장(同江)-싼야(三亞)	수이펀허(綏芬河)-만저우리(滿州里)
베이징(北京)-푸저우(福州)	단둥(丹東)-라싸(拉薩)
베이징(北京)-주하이(珠海)	칭다오(靑島)-인촨(銀川)
얼렌하오터(二連浩特)-허커우(河口)	헝양(衡陽)-쿤밍(昆明)
충칭(重慶)-잔장(湛江)	롄윈강(連雲港)-훠얼궈쓰(霍邇果斯)
	상하이(上海)-청두(成都)
	상하이(上海)-뢰이리(瑞麗)

중국의 고속도로망계획은 방사선과 가로 · 세로망을 서로 유기적으로 결합한 배치 방안을 채택하고 있다. 그것은 중심도시에서 외부로 방사선처럼 연결되며, 동서를 횡(橫)으로, 남북을 종(縱)으로 잇는 대 통로의 형태를 가지고 있다. 완성될 중국의 국가고속도로망은 7개의 수도(首都)방사선, 9개의 남북

종단선, 그리고 18개의 동서 횡단선으로 이뤄지며 7918網이라고 약칭한다. 중국 국가고속도로망계획의 총 규모는 약 8.5만km인데, 주간선이 6.8만km, 지역 환선(環線), 연계선 등 기타 노선이 약 1.7만km로 구성된다.13)

1) 7개 수도(首都) 방사선

수도인 베이징(北京)을 중심으로 베이징(北京)-상하이(上海), 베이징(北京)-타이베이(台北)14), 베이징(北京)-홍콩.마카오, 베이징(北京)-쿤밍(昆明), 베이징(北京)-라싸, 베이징(北京)-우루무치, 베이징(北京)-하얼빈 등의 고속도로로 구성하게 된다.

2) 9개 남북 종단선

중국대륙을 남북으로 잇는 허강(鶴崗)-다롄, 선양-하이커우(海口), 창춘-선전, 지난-광저우, 다칭-광저우, 얼렌하오터(二連

---

13) 원동욱 · 임동민, 『중국 교통물류 관련 정보에 관한 조사연구』, 정책연구 2005-13, 한국교통연구원, 2005.
14) 최근 장춘시엔(張春賢) 중국 교통부 부장은 기자간담회에서 일정한 시간 안에 '3通'의 전제하에서 해저터널 혹은 교량 등의 방식을 통해 대만과의 고속도로망 연결을 진행하겠다는 의사를 밝힌 바 있다. 공식적인 표명에 있어서는 대만과의 교류에 있어 물류비용의 절감을 통해 국제 경쟁력을 제고하겠다는 것이나, 현실적인 견해로는 대만의 독립화 노력을 무력화시키기 위한 다분히 정치적 고려가 내재해 있다고 보인다. 반면 대륙과 홍콩.마카오간의 고속도로망 연결은 물류비용의 절감은 물론이고, 홍콩.마카오와 대륙경제 특히 주쟝(珠江)삼각주와의 경제적 통합을 가속화하기 위한 현실적 노력으로 판단된다.

浩特)-광저우, 바오터우-마오밍(茂名), 란저우-하이커우(海口), 총칭-쿤밍(昆明) 등의 고속도로로 구성된다.

3) 18개 동서 횡단선

중국대륙을 동서로 잇는 쉬펀허-만저우리, 훈춘-우란하오터, 단둥-시린하오터(錫林浩特), 룽청(榮成)-우하이, 칭다오-인촨, 칭다오-란저우, 롄윈강(連云巷)-후오얼궈스, 난징(南京)-뤄양(洛陽), 상하이(上海)-시안(西安), 상하이(上海)-청두(成都), 상하이(上海)-총칭, 항저우(杭州)-루이리(瑞麗), 상하이(上海)-쿤밍(昆明), 푸저우(福州)-인촨(銀川), 촨저우(泉州)-난닝(南寧), 샤먼(厦門)-청두(成都), 산터우(汕頭)-쿤밍(昆明), 광저우(廣州)-쿤밍(昆明) 등의 고속도로로 구성된다.

중국 국가고속도로망계획방안은 또한 랴오중(遼中) 환선, 청위 환선, 하이난(海南) 환선, 주장(珠江)삼각주 환선, 항저우만 환선 등의 5개 지역 환선, 2개의 병행선 그리고 30여 개의 연계선 등을 포함한다. 고속도로가 종횡으로 교차하고 있는 동시에 여러 도시에 결절점을 구축하고 있다. 각 경제구역의 중심도시가 이러한 결절점에 해당하는 도시와 반드시 일치하는 것은 아니라고 하더라도, 결절점에 위치한 도시들이 각 경제구역에서 중심적 역할을 수행할 것으로 예견된다.

2007년 말까지 5縱7橫의 국도 주간선 중의 고속도로부분을 완성하게 되면 그 총 길이는 4.2만km에 이르게 된다. '동부지역의 망, 중부지역의 연계, 서부지역의 소통(東網, 中聯, 西通)'이라는 목표를 실현하려는 계획으로, 2010년 말까지 5~5.5만km에 이르는 고속도로망을 구축하면 서부대개발에 따른 8개의 도로 간선 중 고속도로부분을 완성하게 되고, 결과적으로 7918網 중의 5개 수도 방사선과 2개의 남북 종단선, 3개의 동서 횡단선으로 구성되는 14개의 고속도로가 기본적으로 건설될 것이다. 즉 베이징(北京)-상하이(上海), 베이징(北京)-푸저우(福州), 베이징(北京)-홍콩.마카오, 베이징(北京)-쿤밍(昆明), 베이징(北京)-하얼빈, 선양-하이커우(海口), 바오터우-마오밍(茂名), 칭다오-인촨, 난징(南京)-선양, 상하이(上海)-시안(西安), 상하이(上海)-총칭, 상하이(上海)-쿤밍(昆明), 푸저우(福州)-인촨, 광저우-쿤밍(昆明) 등의 고속도로가 그것이다.

중국 국가고속도로망계획에 따르면 창장(長江)삼각주, 주장(珠江)삼각주, 환보하이(環渤海)만 등의 동부 연해지역간 연계를 강화하는 차원에서, 이들 3대 지역 간에 3개 이상의 고속도로를 구축할 예정으로 있고 나아가 홍콩·마카오 등과의 연계를 강화할 계획도 수립하였다. 이러한 도로망 구축을 통해 이들 3대 도시권 내부에서부터 연결되는 완전한 도시 간 고속도로망이 구축될 것으로 보이며, 결과적으로 지역경제의 통합과 대도시권의 형성이 한층 더 신속하게 이루어져서 동부지역의 우선 현대화에 기초를 제공하게 될 것이다. 더불어 중국 국가고속도로망계획은 서부 및 동북지역의 도로망 구조를 개선시켜서 역 내외의 운송능력과 효율을 제고시킬 것이다. 즉 서부지역의 TCR경제구역, 창장상류(上游)경제구역, 난꾸이쿤(南貴昆)경제구역간 고속도로를 통한 연결이 이루어지는 동시에 동북지역 내부 및 외부 출입의 교통여건이 개선되면, 서부대개발 및 동북진흥전략 등 지역개발전략을 실현하기 위한 기반이 마련된다. 그 밖에도 중국 내 주요 1급 도로세관(口岸)을 고속도로로 연결하게 되면 대외적 연결통로의 운송조건이 개선되어 외향적 경제 발전에 도움이 될 수 있을 것이다. 중국 국가고속도로망계획과 연계된 지역의 GDP는 중국 전체 GDP의 85% 이상을 차지하고 있는 실정이어서 고속도로망계획의 실천은 중국 전체의 지속적 경제성장 및 산업의 발전과 일자리 창출 등의 효과를 가져오게 된다.

중국은 항만이 세계 최고 수준의 물류시스템을 갖추고 있지만, 도로운송망은 연해지역과 대도시를 중심으로 구축되어 있어서 내륙 지역 도로망이나 주요 지역 간 연결망이 제대로 구축되어 있지 않아서 물류소통 문제가 발생하고 있다. 더불어 현실에 맞지 않는 낡은 운송 관행 및 법·제도 등이 현존하고 있어서 현대적 물류체계의 발전이 지연되어 왔다. 즉 낙후되고 비효율적인 내륙 운송망이 물류비 상승[15]의 주요 원인이 되고 있다. 따라서 내륙운송의 하드웨어는 물론 통관, 규제개혁 등 소프트웨어 측면까지 개선하는 종합계획의 마련이 시급한 실정이다. 특히 통관시스템도 매우 경직되어 있고, 더구나 17개 각 성마다 각각 서로 다른 제도를 운영하고 있는 실정이어서 화주와 터미널 운영업체들에게 커다란 부담이 되고 있다. 그리고 무엇보다 서비스 마인드의 부족, 정보시스템 이용의 저조, 물류시설의 노후, 고급 물류인력의 부족 등도 시급히 해결해야 할 문제점들이다.[16]

2. 중국의 철도

중국은 광대한 영토를 가지고 있는 동시에, 각 성(省) 소재지간의 평균거리만도 1,500㎞에 이른다. 따라서 중, 장거리 운송에는 철도와 같은 육상 운송수단이 절실히 요구되고 있다. 더구나 자원 및 산업분포의 불균형에 따라 북에서 남으로, 서에서 동으로 주요 제품과 자원 및 에너지의 운송이 필요한데, 철도가 그 적절한 수단으로 인정되고 있다. 더구나 인민의 평균 생활수준이 아직 중하위권 수준에 머물러 있는 관계로, 중장거리 여행의 대부분이 저렴한 철도를 이용하고 있다.[17]

---

15) 얀티안 터미널(Yantian International Container Terminals) 관계자에 따르면 공장에서 항만까지 운송비용이 중국~미국 간 해상운송비용과 유사한 수준이라고 함. 한국해양수산개발원, 지구촌 해양수산 제312호, 2006. 3. 13.

16) 한국해양수산개발원, 지구촌 해양수산 제312호, 2006. 3. 13.

2006년 7월 칭하이(青海)성 거얼무(格爾木)와 티베트를 연결하는 총연장 1142km의 세계 최고도 칭짱(青臧)철도가 개통되었고, 2008년 청두~상하이 고속도로가 완공되면 서부 내륙지역의 물류 시간과 비용도 상당히 줄어들 것으로 기대된다.[18] 칭하이성 정부는 제11차 5개년계획(2006~2010년) 기간 동안 칭장철도 및 도로와 시닝(西寧)~거얼무(格爾木) 항공노선을 기반으로 시닝과 거얼무를 중심으로 하는 종합 교통운송망을 구축할 계획으로 있고, 시장(西藏)자치구는 10년 내에 라싸(拉薩)를 중심으로 하는 3개의 칭장철도 지선을 건설하고자 한다. 칭장철도의 개통은 지역 내 소도시들의 개발을 촉진시킬 것이며, 지역 간 불균형을 완화하는데도 도움을 줄 것이다. 결과적으로 칭장철도 · 장중(藏中)도로 · 린즈(林芝)공항을 중심으로 교통망을 구축하게 되면 동 · 중 · 서부지역 경제권 발전에 큰 역할을 할 수 있을 것으로 전망된다. 칭장철도는 국제교역에 큰 변화를 주고 있는데, 2006년 7월 6일 시장(西藏)과 인도의 시킴을 잇는 나투라 통로를 44년 만에 재개통했다. 따라서 라싸에서 인도의 항구도시 캘커타 등으로 바로 통하게 되었다. 중국이 이 도로를 이용할 경우에는 상하이(上海)와 캘커타를 잇는 해상 물류에 비해 비용을 20% 이상 줄일 수 있을 것으로 예견된다. 더구나 국경 근처 언덕에 위치한 야둥(亞東)시에 인도와 상품을 직접 거래할 수 있는 농업무역시장도 문을 열게 되었다. 중국은 육로를 통한 남아시아 진출 통로를

17) 원동욱 · 임동민, 『중국 교통물류 관련 정보에 관한 조사연구』, 정책연구 2005-13, 한국교통연구원, 2005.

18) 2007년 4월 23일 (월) 03:22 동아일보.

확보했다는 점에서 의미가 크다. 이것은 상대적으로 빈곤한 지역인 티베트의 경제 활성화에도 큰 역할을 할 것으로 예견된다. 칭짱(青藏)철도를 야둥까지 연장하는 방안을 검토 중이이며 그 결과 상하이에서 인도와 직접 잇는 철로의 개통도 가능하게 되었다.

칭하이·시장 두 지역은 특히 2005년 7월 '칭-장경제벨트' 구상을 공동 발표하였으며, 칭장철도가 개통되어 공동발전 가능성이 더욱 커졌다. 더구나 칭장철도의 개통으로 관광산업에서 큰 경제효과가 기대된다. 칭하이·시장을 비롯하여 상하이(上海)·베이징(北京) 등의 관광업계에서도 철도 개통에 따른 관광붐을 예상하고 있다.[19)]

중국의 철도는 남북과 동서로 8종8횡의 주간선망을 이루고 있는데, 남북 기간 철도망은 베이징(北京)을 중심으로 ①베이징(北京)-하얼빈(哈爾濱)노선, ②동부연해노선(沈陽-廣州), ③베이징(北京)-상하이(上海)노선, ④베이징(北京)-지우룽(九龍) 노선, ⑤베이징(北京)-광저우(廣州) 노선, ⑥다퉁(大同)-잔쟝(湛江) 노선, ⑦빠오터우(包頭)-류저우(柳州) 노선, ⑧란저우(蘭州)-쿤밍(昆明) 노선 등 8縱을 형성하고 있다. 동서 기간철도망은 광저우(廣州)를 중심으로 ①베이징(北京)-란저우(蘭州) 노선, ②석탄운송북(北) 노선(大同-秦皇島, 神木-黃.), ③석탄운송남(南)노선(太原-德州, 長治-青島, 侯馬-日照), ④대륙연계노선(連雲港-阿拉山口), ⑤난징(南京)-시안(西安) 노선, ⑥옌장(沿江)노선(重慶-上海), ⑦상하이(上海)-쿤밍(昆明)노선, ⑧서남출해노선(昆明-湛江) 등 8橫으로 되어 있다. 남서부 산악지역에서는 청두(成都)-

19) 孫東輝, 青藏철도 개통의 파급효과, 中國經濟時報, 2006. 07. 07.

충칭(重慶), 바오지(寶鷄)-청두(成都), 청두(成都)-쿤밍(昆明), 난닝(南寧)-쿤밍(昆明) 등의 노선이 새로이 건설되었으며, 신장(新疆) 위구르 자치구에도 투르판-카스 노선이 부설되었다.

중국의 철도가 전체 화물운송량의 13~14% 정도만 담당하고 있지만, 중·장거리 수송체계의 근간이며, 도로와 함께 내륙화물 운송의 주요한 수단인 것은 사실이다. 더구나 중국의 주요 에너지원이 되는 석탄수송의 절반가량을 담당하고 있는 실정이며, 공산품 중에서 대형화물의 중·장거리 수송에 큰 역할을 담당하고 있다. 따라서 철도는 석탄, 석유, 철광석 등 에너지 자원의 운송수요가 늘어나게 됨에 따라 지속적인 증가세를 유지할 것으로 전망된다. 앞으로 철도건설이 더욱 증가하면 여객전용선, 주요 도시 간 여객운송시스템, 신 노선건설, 기존 노선의 확충 및 개조, 주요 철도 허브와 컨테이너 운송중심역의 건설 등을 통하여 철도운송의 공급능력 또한 더욱 늘어날 것이다.

주변 16개 국가와 국경을 접하고 있는 중국의 지리적 상황에서 볼 때, 철도운송은 교역에 있어 매우 중요한 역할을 담당하게 된다. 1992년 말 완공된 롄윈강(連雲港)-우루무치(烏魯木齊) 구간의 TCR노선은 중앙아시아를 경유하여 러시아 철도로 연결되게 되어 유라시아 대륙과의 통합 물류체계 형성을 가능케 하였다. 특히 청두(成都)를 허브로 하게 되는 남서부 철도는 중국과 동남아시아 간의 경제교류에 큰 역할을 담당하게 되며, 베이징-하얼빈노선은 북한의 신의주를 거쳐 한반도 철도와 연결할 수 있어서 향후 한국의 유라시아 대륙 연결에 핵심 역할을 담당하게 될 것이다.

〈그림2-4〉 4종 4횡 철도망 계획도

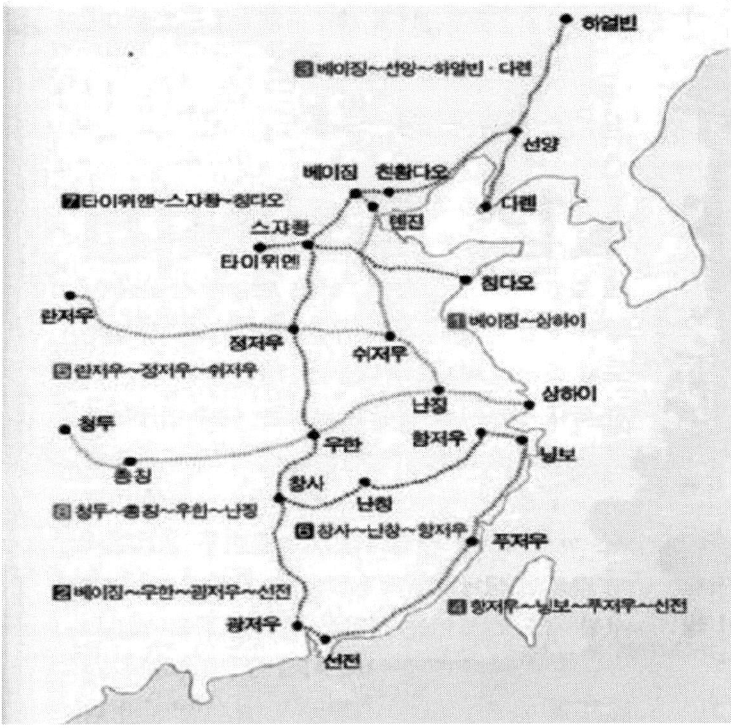

중국은 2004년 1월 '중장기 철도망계획(中長期鐵路網規劃)'을 발표하여 '8종8횡'의 주간선을 강화하였으며, 2020년까지 총 연장 10만 km, 베이징-상하이 노선을 포함한 '4종4횡 여객운송전용 고속철도 건설계획'을 중심으로 하는 전국 또는 지역간 철도시설을 확충하고자 한다.(그림 2-4 참조) 따라서 '제11차 5개년 계획'이 끝나는 2010년까지는 총 영업연장 8.5만 km, 신설철도 11,000㎞ 중 여객전용철도 5,000㎞(복선 4,000㎞), 전기화 철도 6,000㎞를 확보하게 된다. 화물운송부문에서

는 2010년까지 석탄의 철도수송능력을 15억 톤으로 확대하게 되며, 철도 컨테이너 물류센터 및 컨테이너 2층 탑재 수송철로를 건설하게 된다. 더불어 계획기간 동안 베이징-상하이 고속철도, 시안(西安)-안캉(安康), 난장(南疆) 철도, 티베트진입철도와 2020년까지 렌윈강(連云港)-란저우(蘭州)-우루무치(烏魯木齊) 철도, 청두(成都)-쿤밍(昆明)-난닝(南寧)철도를 신설하거나 연장할 계획으로 있다.[20]

20) 원동욱 · 임동민, 앞의 글.

제10장 중국의 물류서비스 전망

중국 물류산업이 과학적 발전 측면에서 발전해 오고 있는 측면이 두드러지고 있다. 물류산업에 관련된 각종 지표가 안정적으로 빠르게 상승하고 있다. 사회 물류총액은 2006년의 경우 전년 대비 17.1% 증가하고 물류산업의 부가가치가 12% 이상 늘어나면서 서비스업 전체 부가가치에서 차지하는 비율이 17%를 넘어서는 것과 더불어, 사회 물류비용은 13.2%나 증가해 GDP에서 차지하는 비율이 18.5%에 이르게 되었다. 주목할 만한 점은 2005년 말 물류시장이 전면적으로 개방됨에 따라 중국 물류 산업은 외국 자본의 투자를 적극적으로 유치하게 되었다. 더구나 중국 국내 물류기업은 체제 개편, 구조조정, 통합 M&A, 전략적 연맹, 서비스 강화를 통해 경쟁력 제고와 규모 확대를 가속화하고 있다. 2006년의 경우 중국 50대 경쟁력 물류기업들은 주요 영업수익이 2005년보다 30% 늘어났고 50대 기업에 들어갈 수 있는 규모가 전년 보다 35% 높아졌으며 주요 영업수익이 1000억위안에 육박하는 국유 물류기업과 50억위안을 넘어서는 민영 물류기업이 등장하고 있는 실정이다.

2006년도 주요 제조기업의 경우를 살펴보면, 판매물류 아웃소싱은 5~10%, 운송과 창고 저장 아웃소싱은 10~15%의 속도로 증가하고 있는 것으로 나타났다. 기업 물류 모델의 업그레이드 및 구조조정을 하고 있는 업종도 생활소비품에서 생산재로, 판매물류에서 공급물류, 생산물류, 회수물류로 확대되고 있음도 주목해야 한다. 중국 항구의 화물 물동량은 2006년의 경우 전년 동기 대비 15.4% 증가한 56억톤에 이르렀으며, 컨테이너 물동량은 26% 증가한 9300만TEU를 기록하여 세계 1위를 차지하였다. 보세구역 건설을 허가한 지역으로는 상하이(上海) 양산(洋山)항구, 다롄(大連) 다야오완(大窯湾)항구와 톈진(天津) 둥장(東疆)항구이다. 수출가공지역인 시안(西安), 쿤산(昆山), 닝보(寧波), 상하이 쑹장(松江), 베이징 톈주(天竺), 옌타이(烟台), 충칭(重慶)에는 보세창고 및 물류 기능의 시범적인 추가 실시를 허가하였다. 이상 중국에서는 이미 물류산업이 현대 서비스업의 지주 산업이라는 인식이 확대되고 있으며, 물류산업은 생산성 있는 서비스산업 중에서 확고한 위치를 점유하였고, 경제 구조 조정과 경제 성장 방식에서 핵심 요소로 등장하게 되었다.

앞으로 중국이 물류산업의 발전을 꾀하고자 할 때 유의해야 할 일들도 있다. 특히 생산재 관리를 위한 물류 발전에 관심을 기울이면서, 동시에 기업물류 모델을 발전적으로 전환시켜야 할 것이다. 생산재 유통 규모가 소비재의 2배에 달하여 약 18조 위안에 이르는 상황에서, 기업분야 물류가 여전히 물류의 주류를 이루고 있기 때문이다. 즉 철강, 석탄, 석유화학, 자동차, 건축자재 등 주요 생산재 업계는 가급적 빠른 시일 안에 현대적 물류 모델 전환로 전환해야 할 것이며, 기업물류에서 사회물류로의 전환과 더불어 판매물류에서 공급물류, 생산물류로의 확대를 촉진시켜야 할 것이다. 나아가 물류기업의 경쟁력을 강화하면서 규모를 키우기 위해 자체 물류 서비스

브랜드를 육성해야 할 것이다. 여전히 물류기업들이 분산되어 있는 실정에서 영세하며 낙후된 상황에 놓여 있다. 물론 물류 중소기업들을 육성해야 할 것이며, 국영기업뿐만 아니라 민영 기업의 발전도 적극 지원해야 할 것이다. 무엇보다 중국 자체 의물류 서비스 브랜드를 육성해서 물류 공급 능력 확대와 서비스 수준을 향상시켜 나가도록 해야 할 것이다.

현대적 물류서비스가 중국 중서부와 동북부로 확대되도록 하여 지역 물류의 조화로운 발전을 꾀해야 할 것이다. 중국의 지역 물류는 동부 연해 지역의 항구를 중심으로 대형 물류 거점들을 형성해 왔다. 서부대개발, 동북 진흥 및 중부 굴기 전략의 실시에 따라 동부 지역의 산업이 중서부와 동북 지역으로 이전되고 있는 상황에 따라, 물류 시장 및 산업도 동에서 서로 확대되고 있는 추세이다.

제3편 일본의 물류서비스

제11장 일본의 항만물류

1. 일본의 항만

1) 일본의 항만 현황

해안선의 길이가 35,000Km에 달하는 일본은 중요항만(128항)과 지방항만(951항)으로 구분하여, 총 1,079개의 항만을 가지고 있다. 특히 95개항을 지정항만으로 구분하여 특정항만(9항), 갑종항(35항), 을종항(50항)으로 나누어 관리하고 있다. 일본은 컨테이너항만을 65개 보유하고 있는데, 주요 컨테이너 항만으로는 도쿄 항, 요코하마 항, 나고야 항, 고베 항, 오사카 항, 하카다항, 기타큐슈 항, 시미즈 항, 도요코마이 항 등이 있다.

1990년대까지 아시아 지역의 리딩 항만으로 자리잡고 있던 일본 항만은 2000년대부터는 국제경쟁력을 상당 부분 상실하였다. 특히 세계 5위권에 포함되던 고베 항은 대지진 이후 30위권밖으로 밀려났으며, 동경, 오사카, 나고야, 요코하마 등의 항만도 동북아의 지역항만 수준으로 밀려나게 되었다. 따라서 2002년부터 일본은 슈퍼중추항만계획을 발표하면서 전면적인 항만 현대화를 시작하게 되었다. 즉 지역균형발전에 머무르던 항만정책은 선택과 집중 개발 차원에서 대형 허브항을 육성하는 정책으로 일대 전환을 꾀하게 된 것이다. 곧 2005년 7월에는 게이신 항(京浜港 ;동경 항+요코하마 항), 한신 항(阪神港 : 오사카 항(大阪港)+고베 항(神戸港)), 이세 항(伊勢港 : 나고야 항+요카이치 항(四日市港))을 슈퍼중추항만으로 지정하면서 항만의 대형화 및 현대화를 추진하게 되었다. 또 개별 항만에 민간 터미널 오퍼레이터를 인정하면서 능률의 극대화를 꾀하고, 그 결과 동년 12월에는 요코하마 항(横浜港)과 나고야 항(名古屋港)에 최신 터미널을 개장하기에 이르렀다. 슈퍼중추항만 정책을 살펴보면, 첫째 특정 국제 컨테이너 부두운영사업의 인정하고, 둘째 특정 국제컨테이너 부두의 기능고도화 지원을 통해 일본 항만의 경쟁력을 제고하고자 하는 것이다.

게이신 항을 형성하며, 일본 중심부에 위치한 동경 항과 요코하마항은 일본을 대표하는 항만들로서, 동경 항은 일본의 항만 중에서 물동량이 가장 많은 항만으로 기록된다. 물류시설은 青海物流센터 2개동(79,225.7㎡), 大井지구 물류창고 64개동(778,401㎡), 일반창고, 냉동 창고 등 포함, 青海物流창고 32개동(635,833㎡), 수산물 냉동창고 39개동(366,994㎡), 기타 부두 배후 물류창고 19개동(179,750㎡), 청과 · 식품창고, 2개동(73,870㎡) 등을 보유하고 있다. 동경 항을 이용하는 선사는 약 50개이며, 세계의 주요항만과 직접 연결되어 있는 실정이다. 동경 항과 함께 일본의 중심항만 역할을 감당하고 있는 요코하마 항의 주요 물류시설은 요코하마항유통센터이다. 요코하마 항을 이용하는 선사는 45개사이고, 북미서안, 북미동안, 유럽 항로, 지중해항로, 아시아항로, 중국항로, 한국항로, 남미 서안항로 등이 개설되어 있다.

한신 항을 형성하게 되는 오사카 항(大阪港)과 고베 항(神戶港) 중에서, 오사카 항을 정기적으로 이용하는 선사는 60개사이며, 북미서안 및 동안항로, 유럽 항로, 호주항로, 중동 및 지중해항로, 중국항로, 동남아항로, 세계 일주항로 등을 보유하고 있다. 고베 항에는 원양 및 근해 정기선사 25개사가 기항하고 있고, 북미서안 및 동안항로, 유럽 항로, 유럽 · 지중해항로, 중남미 · 아프리카항로, 호주항로, 중국항로, 동남아항로, 나호드카 항로 등에 연결되어 있다.

이세항(伊勢港)항을 구성하는 나고야 항과 요카이치 항(四日市港) 중에서, 새롭게 주목받고 있는 나고야 항은 최근 컨테이너 물동량이 급증하고 있다. 나고야 항은 다른 항만과 달리 해운기업의 임차가 없다. 나고야 항을 정기적으로 이용하는 선사는 50개이며, 대만항로, 북미서안 및 동안항로, 유럽 항로, 호주항로, 중동 및 지중해항로, 중국항로, 한국항로, 러시아 나호드카 항로 등이 개설 되어 있다

2) 일본의 컨테이너 물동량

일본은 컨테이너 물동량 세계 4위를 기록하면서, 2004년에 1594만TEU를 처리하였다. 이 물량은 아시아권에서 중국, 싱가포르에 이어 3위를 점하고 있으며, 1,000만TEU를 기록한 1994

년 이후 지속적으로 증가하고 있는 실정이며, 1995년부터 2005년까지 62% 이상 증가하였음을 주목해야 할 것이다. 지난 10년 이상의 장기불황을 겪은 일본 경제가 1995년 고베 대지진으로 컨테이너 터미널 등 항만시설에서 엄청난 피해를 입었음에도 견실한 성장세를 나타낸 것이다.

연간 380만TEU를 처리하고 있는 동경항의 경우 일본을 대표하는 컨테이너항만으로서 손색이 없다고 할 것이 다. 일본의 수입화물을 가장 많이 처리하는 동경항은 수출에 비해 수입이 많은 일본항만의 특징을 드러내고 있다. 동경항의 수입적재물량은 188만TEU, 수출적재물량은 108만TEU이며, 최근 5년간 컨테이너 처리량이 32% 증가하였다. 동경항은 동북아시아에서 뛰어난 경쟁력을 보유한 항만으로 부상하기 위해 컨테이너 처리 요금과 각종 수수료를 인하할 계획을 발표한 바 있다. 2005년 컨테이너 처리량이 287만TEU에 달한 요코하마항은 2000년 이후 최근까지 그 처리량이 24% 증가하였다. 수출전문항으로 기능을 갖추고 있는 요코하마항은 1990년대의 제조업의 경기 하락으로 함께 침체기를 맞게 되었다. 그렇지만 오히려 요코하마항은 비용절감에 노력을 기울이면서, 일요일 근무체제를 구축하는 등 경쟁력 강화를 위한 제반 계획을 수립하여 시행하고 있다. 일례로 2000년 요코하마항의 환적컨테너 처리 비용은 50% 감면되기에 이르렀다. 요코하마항의 2005년 수입 적재화물은 115만TEU, 수출적재물량은 113만TEU를 기록했으며, 연안화물은 1995년의 2,725TEU에서 2005년에는 15만TEU로 급격히 증가하였다.

2000년부터 2005년 사이에 나고야 항은 컨테이너 물동량이

30%가 증가하여 249만TEU에 이르렀다. 나고야 항은 수입 물량이 급증하면서 수출물량 증가추이를 앞지르고 있다. 그 결과 나고야 항의 물동량은 2003년부터 고베 항을 상회하고 있는 실정다.

고베 항은 1995년 대지진 이후 물동량이 지속적으로 상승하고 있지만, 대지진 이전의 수준에는 미치고 못하고 있다. 주목할 만한 것은 고베 항의 환적물량이 회복되지 못하고 있는데, 현재의 물량은 대이진 이전 수준의 86%이고, 2000년부터 2005년까지는 물량이 오히려 감소하고 말았다. 일본의 산업구조 변화와 여타 항만의 생산성 향상으로 인해 고베 항은 선석사용료 인하 등의 노력에도 불구하고 지역허브 항으로서의 위치는 점차 약화되고 있다.

2000년 이후 2005년까지 연간 30%씩 성장하여 2005년에는 209만TEU의 물동량을 처리한 오사카 항이 주목을 받고 있다. 기타 일본 중소항만들의 물동량이 2000년 이후 2005년까지 거의 두 배로 상승했음도 주목해야 한다. 중소항만의 물동량 증가한 이유는 높은 내륙 물류비로 인하여 직기항 및 피더 서비스가 증가하였기 때문이다.

2. 일본 항만의 성장잠재력

1) 시설과 물동량

일부 일본 항만의 시설과잉이 문제가 되고 있지만 오히려 시설이 풍부하다는 것이 큰 장점이도 하다. 물론 물동량이 지역 분산되면 규모의 경제를 활용할 수 없어서, 비용이 상승하는 측면도 있지만, 화주의 입장에서 보면 신속하게 언제 어디서든지 화물을 처리할 수 있어서 비용을 절감할 수 있다.

일본 컨테이너 물동량은 2010년까지 매년 4.8%씩 늘어나서 2,600만TEU에 이를 것으로 전망하고 있다. 그렇지만 중국과 한국은 2010년까지 항만시설이 부족할 것으로 예상되는데 반해서 일본은 항만시설에서 상당한 여유분을 보유하고 있다. 중국은 2010년에 1,270만TEU 정도의 항만 시설이 부족한 관계로, 시설확보율이 85%에 불과하다. 한국의 경우는 2011년에 시설 확보율이 101% 정도로 꽉 들어차서 외국의 물동량을 수용할 형편이 안 될 것이다. 결과적으로 2010년에는 중국과 한국의 항만시설 부족으로 인해 항만물동량이 일본으로 옮겨갈 것을 기대하고 있다. 또한 이 같은 시설의 여유를 가지게 되면, 결과적으로 저가, 저비용의 마케팅 전략을 구사하게 되어 경쟁항만들의 수익성 확보에 큰 영향을 미칠 것으로 보인다. 실제적으로 일본의 각 컨테이너 터미널은 처리비용을 50% 이상 할인하면서 물동량을 유치에 적극성을 띠고 있다.

2) 일본 항만 물류의 강점

무엇보다 일본 항만 물류의 강점은 다수의 대형 선사를 보유하고 있으면서 수출입물량이 크다는 것이다. 일본은 물론 전자, 자동차, 기계산업에 관련된 수출 물량이 많지만 자체 수입물량도 많다. 세계 해상물동량 중에 일본이 차지하는 비중이 10% 수준이며 컨테이너 처리물량도 1,600만TEU로 세계 4위를 점하고 있다. 중국의 경제 규모가 커져서 일본의 중요성이 상대적으로 축소되고 있지만 일본은 세계 2위의 경제력을 자랑하면서 상당한 규모의 자체 물동량을 처리하고 있다. 비록 지역균형발전 차원에서의 일본 항만개발이 진행되어 물동량이 분산되면서, 전근대적 경영방식을 따른 결과 저생산성, 고비용의 문제를 낳았지만 슈퍼중추항만이 건설되고 물량이 으로 집중되면 새로운 양상이 벌어질 것으로 보인다.

일본의 해운물류 기업이 일본 경제에서 차지하는 비중은 아주 크다고 할 것이다. NYK, MOL 등은 종합물류기업을 지향하며 글로벌 물류시장 진출을 확대해 나가고 있다. 일본 항만은 고비용 구조로 인해 환적화물 유치 등에 큰 성과를 이룩하지 못한 측면이 있다. 그렇지만 일본의 항만이 저비용 구조로 개편되고 시설이 현대화 및 첨단화되면 제3국의 환적화물을 일본에서 처리하게 될 것으로 본다. 따라서 일본의 해운물류 기업들이 자체 물량을 처리하면서 동시에 저렴한 비용구조로 무장하여 세계 물류 시장에 진출하게 되면 경쟁력을 바탕으로 하여 상당한 성과를 거둘 것으로 기대된다.

3) 일본 정부의 항만 물류 지원

일본은 항만산업을 새로운 성장산업으로 인식하면서 지방자치단체를 중심으로 한 개발전략을 떠나 집중과 선택을 기조로 한 중앙정부의 지원을 마련하였다. 일본 슈퍼중추항만정책은, 항만비용은 부산항, 가오슝의 약 30% 정도로 저감시키면서 입항에서 반출까지의 리드타임은 싱가포르 항과 동등한 정도로 하여, 하루 일정으로 단축하는 것을 목표로 삼고 있다. 즉 슈퍼중추항만의 기본목표는 비용과 생산성면에 있어서 아시아 최고 수준으로 경쟁력을 유지한다는 것이다. 이러한 목표를 달성하기 위해 일정 요건을 갖춘 항만을 슈퍼중추항만으로 육성하면서 국제 컨테이너 부두로서의 기능을 고도화하도록 지원방안을 세우고 있다. 일본 정부는 수퍼중추항만 항만정비사업 예산을 분배하였는데, 그 지출의 큰 항목들은 슈퍼중추항만 프로젝트의 추진, 국제해상 컨테이너 터미널 정비, 국제간선 항로의 정비 등 국제물류에 관련된 것이다. 특히 나고야 항과 고베 항은 2006년도부터 수심 16m 선석을 가진 차세대 대규모 컨테이너 터미널의 정비에 본격 착수하여, 유럽 항로 등의 컨테이너 화물의 증가와 적재능력 8,000TEU 초과 대형 컨테이너선의 취항에 대응하고 있다. 고베 항은 민간 자본의 유치와 경쟁력 강화 차원에서 차세대 대규모 컨테이너 터미널의 운영을, 지원항운 5개사 출자에 따라 설립된 「고베 메가 · 컨테이너 터미널(KMCT)」에 맡기기로 하였다.

한국이 투 포트 시스템 논쟁을 하면서 지역간 상호경쟁을 하고 있는 동안에 일본의 항만과 해운 산업은 아시아에서의 선두자리를 회복하려고 민관 모두 최선의 노력을 다하고 있는 실정이다.

3. 일본 항만 물류의 시사점

동북아시아의 항만 개발 및 발전 현황을 살펴보면, 중국의 상해는 항만을 중심으로 아시아 새로운 경제 거점으로 성장하고 있고, 한국은 동북아물류중심국가를 표방하면서 인천, 부산, 진해 광양만권을 경제자유구역으로 지정하기에 이르렀다. 일본도 역시 항만의 현대화를 위해 많은 노력을 기울이고 있는데, 신규 항만 개발보다 기존항만의 정비 및 방향 설정을 위하여 노력하고 있다. 즉 아시아지역 물동량의 급속한 증가와 중국의 급부상 등으로 일본도 항만 물류 경쟁에서 우위를 점하기 위한 생존 전략을 모색하고 있는 것이다.

특히 일본의 항만정책을 살펴보면, 항만의 정비와 국제경쟁력확보를 위해, 그리고 슈퍼중추항만의 육성을 위해서 세밀하게 계획을 수립하여 추진하고 있음을 알 수 있다. 이것은 한국의 정책개발이나 경제자유구역지정 정책과 큰 차이를 보여주고 있는데, 성공적인 경제자유구역개발을 위해서는 경제자유구역간의 역할분담뿐만이 아니고 상호연계성 강화가 필수적일 것이다. 예를 들어 부산항과 새로 건설될 신항의 역할분담이 합리적으로 구체화되어야 하며, 그에 따른 장기적 차원에서의 방향 설정이 필요하다. 그리고 일본은 항만 개발에 있어서 연계성을 강조하고 있는데, 유사관련정책·사업 간의 제휴를 통하여 효과를 극대화하는 방안을 찾고 있다. 항만간의 제휴 국가·항만관리자·민간 등 사업관련자들 간의 제휴, 해상물류 뿐만 아니라 육상물류와의 연계 등에 많은 노력을 기울이고 있다. 더구나 항만은 물론이고 항만을 중심으로 한 물류기능의 활성화 및 연계에도 치중하고 있는데, 항만과 연계된 특구를 지정하고 있다.

일본의 항만 정책은 실효성·효율성을 제고하는 차원에서

실시에 대한 평가시스템을 갖추고 있다는 것도 주목할 만한 일이다. 그리고 항만을 중심으로 한 방재계획에도 많은 노력을 기울이고 있는데, 그것은 대지진의 피해를 경험한 일본 항만의 경우 항만정비에 있어 방재가 중요한 문제로 대두되고 있기 때문이다.

제12장 일본의 내륙물류

1. 일본의 내륙 물류 인프라

일본 국내 물류의 분담률을 톤-km(2005년)를 기준으로 살펴보면 자동차가 57.5%, 내항해운 38.4%, 철도 3.9%, 항공 0.2%의 순으로 담당하고 있다. 톤수로만 보면 자동차 91.1%, 내항해운 7.9%, 철도 0.9%의 순으로 담당하고 있다. 일본 철도의 총 연장 영업Km(2005년 3월말 현재)는 27,530km이며 그 중에서 JR이 전체의 73%인 19,963km(신간선 2,355km, 재래선 17,608km)이며, 민철은 6,881km, 지하철이 686km를 점하고 있다.(표3-1 참조) 총 9,716의 역이 있는데 JR역이 4660개이며, 신간선 역은 75개이다.

〈표3-1〉 일본철도의 영업Km

단위 : km

합계	JR			사철			지하철
	소계	신간선	재래선	소계	철도	노면전차, 모노레일	
27,530	19,963	2,355	17,608	6,881	6,374	447	686

자료 : 일본 운수정책연구기구, 지역교육연보, 2005

일본의 철도 화물수송 실적은 5,221만 톤(2004년말)이며, 그 중에서 JR이 3,676만 톤, 민철이 1,543만 톤을 담당하였다. 철도 운송의 톤-km 실적은 22,476백만 톤-km이며, JR이 전체 실적중 99%를 차지하였다.

〈표3-2〉 일본JR과 사철의 철도화물 수송실적

구분	JR			사철		
총계	소계	차급 (Wagon)	컨테이너	소계	차급 (Wagon)	컨테이너
52,194	36,764	14,839	21,925	15,431	12,733	2,698

자료 : 일본 운수정책연구기구, 교통정책통계요람, 2005

한편 일본도로의 총연장(2004년 말 현재)은 1,187,638km이며, 고속자동차 국도 7,296km, 일반도로 1,180,342km로 구성되어 있다. 일반도로의 포장율은 78.5%정도이고, 일반도로는 일반국도 54,084km, 도도부현도로 128,962km, 시정촌도로 997,296km로 되어 있다.

〈표3-3〉 도로 연장 및 포장율

단위 : km, %

구분	고속국도		일반국도		道都府縣道		市町村道	
내용	연장	포장율	연장	포장율	연장	포장율	연장	포장율
	7,296	100	54,084	99.3	128,962	96.0	997,296	75.0

자료 : 일본 전국도로이용자회의, 도로통계연보, 2006

일본의 자동차 보유대수(2004년 말 현재)는 총 7,827만 대이며, 승용차 4,276만대, 화물차 727만대, 버스 23만대로 구성되어 있다. 2004년말 현재 화물자동차는 5,075백만 톤을 수송하였으며, 영업용 차량이 전체의 55.8%, 자가용 차량이 44.2%를 점하고 있는 실정이다. 전체 화물자동차의 수송 톤-km는 327,632백만톤-km이며, 그 중에서 영업용차량이 86%를 차지하고 있다. 일본의 화물트럭 수는 109만여 대로, 노선트럭이 39,000대, 지역트럭이 1,051,000대이다.

〈표3-4〉 일본의 화물트럭 수

(각년 3월말 현재)

구분 / 년	특별혼재트럭		지역트럭	
	차량수	지수	차량수	지수
2000	20,538	74.2	1,070,721	121.6
2001	37,249	134.6	1,068,087	121.3
2002	35,857	129.6	1,065,734	121.1
2003	38,757	140.0	1,056,560	120.0

자료 : 일본 국토교통성 자료

2. 내륙 물류 시장 구조

일본은 2004년 10월말 현재 46,477개의 운송관련 기업을 보유하고 있는데, 그 중에서 철도업이 336개, 도로여객운송업 7,129개, 도로화물운송업 29,641개 등으로 이루어져 있다. 내륙 물류 기업들을 자본금 규모로 구분해 보면, 50억 엔 이상의 기업은 철도의 경우 45개, 도로 여객운송업 3개, 도로화물운송업 17개로 구성되어 있다. 구체적으로 철도업의 경우 1-5억 엔 수준의 기업이 전체의 21%로 가장 많으며, 도로여객운송업은 1,000-3,000만 엔 수준이 전체의 46%를 차지하고 있는 실정이다. 그리고 도로화물운송업도 1,000-3,000만 엔 수준의 기업이 전체의 56%를 점하고 있는 실정이다.

1) 철도

일본 철도의 경우 JR과 사철의 2가지 형태로 구성되어 있는데, 컨테이너화물의 경우 JR이 2,200만 톤, 사철이 270만 톤을 담당하고 있고, 일반화물(차급)은 JR이 사철보다 약간 상회하는 수준에서 수송하고 있다.

〈표3-5〉 JR과 사철의 비교

구분	컨테이너화물(만 톤)	일반화물(만 톤)	수입(1억 엔)
JR	2,200	1,500	1,266
사철	270	1,335	79

자료 : 일본 운수정책연구기구, 교통정책통계요람, 2005

그리고 일본의 여객수송분담률을 수송기관별로 살펴보면 수송인원수에 있어서는 철도가 전체의 32%, 인-km의 경우에는 32.7%를 점하고 있다. 수송인원에 있어서는 JR이 12.7%, 사철이 19.3%이고, 인-km는 JR이 20.6%, 사철이 12.2%의 비중을 나타내고 있다. 역시 km 측면에서는 사철의 비중이 낮아서 단거리 대도시 교통수단으로 이용되고 있는 것을 알 수 있으며, JR은 지역간 장거리 교통을 담당하고 있다.

철도는 전체 화물수송에 있어서, 수송톤 측면에서는 전체수송의 1%, 수송 톤-km에서는 4%를 점유하고 있는 실정이다. 수송톤에서는 JR이 0.7%, 사철이 0.3%, 수송 톤-km는 JR이 3.9%, 사철이 0.1%를 점유하고 있어서 JR이 철도화물수송의 상당 부분을 담당하고 있는 실정이다.

〈표3-6〉 일본 JR의 철도화물수송, 영업실적

단위 : 백만 톤, 억 톤-km

구 분			2001	2002	2003	2004
컨테이너	수송량	톤수	21	21	22	22
		톤-km	188	188	197	195
	수입(억 엔)		1,061	1,043	1,085	1,071
차급	수송량	톤수	18	18	16	15
		톤-km	31	30	28	28
	수입(억 엔)		245	229	207	194

자료 : 일본물류단체연합회, 숫자로 보는 물류, 2006

〈표3-7〉 일본 사철의 철도화물수송, 영업실적

단위 : 천 톤, 천 톤-km

구 분			2000	2001	2002	2003
컨테이너	수송량	톤수	2,189	2,312	2,440	2,698
		톤-km	17,366	19,076	21,275	23,358
	수입(백만 엔)		1,666	1,859	1,930	2,086
차급	수송량	톤수	17,465	17,330	15,934	13,352
		톤-km	262,771	267,171	249,637	205,919
	수입(백만 엔)		8235	7,709	8,621	5,836

자료 : 일본물류단체연합회, 숫자로 보는 물류, 2006

2) 도로

일본의 트럭사업 형태에서, 영구운송사업과 특정화물자동차운송사업을 제외한 트럭사업자수는 2003년 기준으로 54,504개였고 그 중 택배업을 포함하여 정기 노선을 운영하는 특별혼재화물자동차운송사업자가 280개였다.

〈표3-8〉 트럭사업자 현황

단위 : 개

연도	트럭사업자수				
	합계	특별혼재	일반	특정	영구
1998	52,119	276	47,437	1,114	3,292
1999	54,019	275	49,148	1,106	3,490
2000	55,427	272	50,401	1,099	3,655
2001	56,871	268	51,732	1,076	3,795
2002	58,146	276	52,948	1,070	3,852
2003	59,529	280	54,224	994	4,031

자료 : 일본 운수정책연구기구, 「교통정책통계요람」, 2005

규모별로 보면, 특별혼재트럭의 87.7%, 일반트럭의 99.9%가 중소기업체로서 영세성을 드러내고 있다. 특별혼재트럭사업자의 경우 100-200대 규모가 전체의 21.6%, 50-100대 규모가 전체의 20.9%이며, 종업원 수는 100-200인 20.6%, 50-100인 20.2%를 나타내고 있다. 자본금 규모에서 보면 1,000만-3,000만 엔인 경우가 전체의 24.1%로 가장 높게 나타났다. 더구나 일반트럭사업자의 경우에는 10대 이하의 사업자가 전체의 53.1%, 20대 이하가 23.3%나 되었으며, 종업원 수는 10인 이하가 전체의 46.9%로 가장 높을 정도였다. 자본금 규모도 1,000만 엔 이하가 전체의 34.3%, 1,000만-3,000만 엔이 24.6%를 나타내고 있어서 영세성을 드러내고 있다. 트럭사업의 영업수익을 살펴보면 2003년도 기준 12조 2,075억 엔으로 2002년의 11조 4818억 엔에서 6% 상승하였다.

한편 영업용차량이 전체 차량대수의 14%에 불과하지만 수송톤수는 전체의 54%를 점유하고 있는 실정이다. 그리고 톤당 평균운송거리도 자가용 차량에 비해 약 4.5배에 이르고 있다.

〈표3-9〉 영업용 트럭과 자가용 트럭의 비교

항 목	영업용	자가용
차 량 수	1,099천대(15.1%)	6,165천대(84.9%)
주 행 km	71,607백만km(41.4%)	102,804백만km(58.9%)
수 송 ton 수	2,816백만ton(57.1%)	2,120백만 ton(42.9%)
실제 가동 延 日 車	305,912천일차(18.4%)	1,355,634천일차(81.6%)
운 송 ton-km	2,816억ton-km(86.5%)	441억ton-km(13.5%)
실제가동1일 1차당 주행km	234.1km	75.8km
ton당 평균운송km	100.0km	20.8km

자료 : 일본물류단체연합회, 숫자로 보는 물류, 2006

일본의 트럭터미널은 화물자동차 운송업에 따른 화물수송 네트워크의 거점시설로서, 도시 간을 연결하는 간선수송기능과 도시 내 집배송을 위한 지선기능 및 도시 간 간선수송의 상호 중계기능 역할을 하고 있다. 특별혼재화물운송에 해당하는 일반화물자동차운송사업자가 해당사업과 함께 제공할 목적으로 설치한 전용 트럭터미널 이외의 일반트럭터미널에 대해서는 자동차 터미널법에 의거한 사업허가제를 통하여 관리하고 있다.

〈표3-10〉 트럭터미널 현황

연도	개수	berth수	1터미널당 berth수
1998	25	3,854	154.2
1999	25	3,854	154.2
2000	24	3,838	159.9
2001	24	3,815	159.0
2002	24	3,815	159.0
2003	24	3,815	159.0

자료 : 일본 운수정책연구기구, 교통정책통계요람, 2005

화물운송취급사업자는 철도운송 1,713개(이용 926개, 중개 787개), 자동차운송 85,680개(이용 48,414개, 중개 37,266개)이며, 내항운송은 3,344개, 외항운송은 891개, 항공운송은 203개의 취급사업자가 활동하고 있다.

〈표3-11〉 화물운송취급 사업자수

단위 : 개

연도	철도		자동차	
	이용	중개	이용	중개
1998	893	811	44,940	37,862
1999	896	804	45,869	37,839
2000	902	799	46,888	37,638
2001	912	793	47,787	37,537
2002	926	787	48,414	37,266

자료 : 일본물류단체연합회, 숫자로 보는 물류, 2005

3) 물류유통 시설

보관물류 내용에 따라 구분하는 영업창고로서의 보통창고는 1류창고(위험물을 제외한 보관물품의 제한이 없음), 2류창고(방화장치를 갖지 않고 있으며 보관물품의 제한이 있는 창고), 3류창고(방화, 방습, 열차단 시설을 보유하지 않으며, 보관물품의 제한이 있는 창고), 야적창고, 저장조창고, 위험물창고로 구분되고 있다. 일반창고 사업자수는 창고업의 안정된 수익성, 제조사의 물류자회사화, 트럭사업자의 창고업 참가 등의 요인에 따라 매년 한 자리대(%) 증가율을 보여 왔으나, 물류구조의 변화 등의 영향으로 최근 미미하게 증가하고 있으며 그나마 2001년 이후에는 계속 감소하고 있는 실정이다. 그리고 냉

동냉장창고 사업자수도 아주 미미한 감소 추세를 보이고 있는데, 2002년에는 전년비 2.3%나 감소하였다. 그것은 무엇보다 대형화, 신속화 추세에 있는 물류구조의 변화와 설비 노후화 등으로 인하여 창고 업무를 폐지하는 사업자가 늘어나고 있기 때문이기도 하다.

〈표3-12〉 창고 면적

단위 : 1000m^2

연도	면적	전년비
1998	27,871	102.6%
1999	28,440	102.0%
2000	28,478	100.1%
2001	28,734	100.9%
2002	28,532	99.3%

자료 : 일본물류단체연합회, 숫자로 보는 물류, 2005

제4편 극동러시아 물류서비스

제13장 극동러시아의 항만 물류

1. 극동러시아의 항만

극동러시아 지역에서는 보스토치니(Vostochny)항과 블라디보스토크(Vladivostok)항을 통하여 컨테이너 화물을 처리하고 있는 실정이다. 블라디보스토크 항은 배후지역의 수출입 화물과 연안화물을 처리하며, 보스토치니 항은 시베리아 횡단철도를 통해 독립국가연합(Commonwealth of IndependentStates: CIS) 전 지역과 서유럽을 대상으로 항만 물류를 담당하고 있다. 1995년에서 2005년에 이르기까지 이 두 항만의 컨테이너 물동량은 5배 이상 증가하였고, 2000년부터 5년간 219%의 증가세를 기록하면서 2005년에는 46만TEU를 처리하기에 이르렀다. 1995년에서 2000년 사이의 기간에 보스토치니 항은 컨테이너 물동량이 약간 감소하였으나 2000년 이후의 기간에는 5년간 4.6배의 급속한 성장세를 나타내어서, 2005년에는 33만TEU의 물동량을 처리하였다. 보스토치니 항에 한국의 동남아 해운과 Fesco, Magistral Container Lines, 그리고 Chao Yang Line 등이 항만 물류서비스 업무를 담당하고 있다. Vostochny International Container Services(VICS)은 보스토치니 항의 컨테이너 터미널로서 1995년에 항만회사(port company)과 CSX 및 P&O Ports의 합작(조인트 벤처) 형태로 출범하였다. 2005년에 러시아의 철강회사인 Severstal의 자회사인 Severstaltrans가 CSX의 25% 지분을 인수하여 터미널의 지분 75%를 보유하게 되었다. 2004년에 VICS는 기존 터미널에 인접한 2개 선석에 Vostochnaia Stevedornaia Kompaniia(VSK)를 설립하였는데, VSK는 2004년에 23,500TEU, 2005년에 55,226TEU의 물동량을 처리하였다.

〈그림4-1〉 러시아 컨테이너항만 위치도

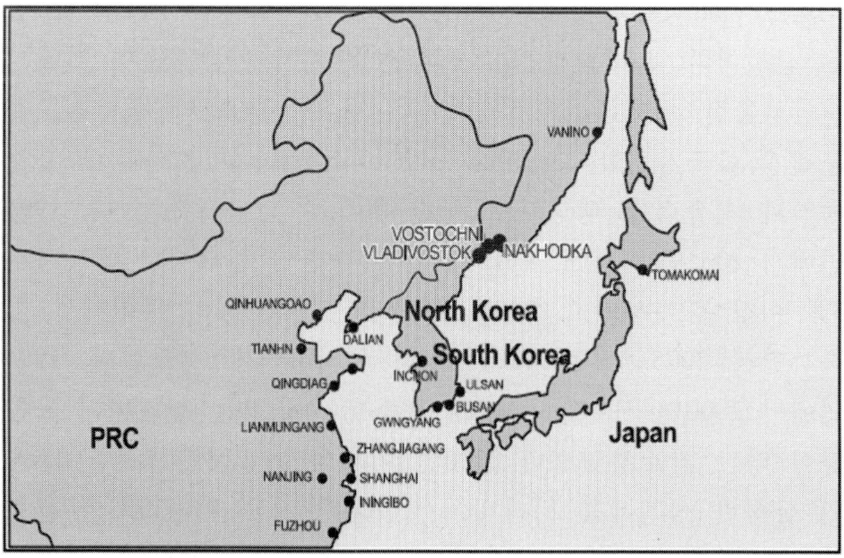

〈표4-1〉 극동러시아항만의 컨테이너 처리실적 추이

단위 : 천TEU

구 분	1995	1996	1997	1998	1999	2000	2001	2002	2003	2004	2005
보스토치니	74.3	77.9	66.8	55.3	54.8	72.7	89.9	133.8	203.7	296.0	331.2
블라디보스토크	13.1	16.0	47.2	55.0	45.0	70.0	79.7	86.0	88.7	102.2	124.7
합 계	87.4	93.9	114	110.3	99.8	142.7	169.6	219.8	292.4	398.2	455.9

자료 : OSC, East Asian Containerport Markets to 2020

2004년에는 폭주하는 중국 발 수출 화물에 대한 선박부족 및 항만시설용량의 과부하 현상이 나타남으로써 보스토치니항이 활성화됐는데, 화주들이 시베리아 횡단 철도(TSR : trans-Siberian railway)를 이용하여 화물을 유럽지역으로 육상운송하는 방식으로 전환하게 된 것이다. 특별히 물류 효율을 높이기 위하여, TSR의 운행 스케줄을 일본과 러시아, 한국과 러시아를 운항하는 선박과 연계하여 선박이 기항하는 다음날 열차가 출발하도록 하였다. 일본 및 한국의 항만으에서 출발하여 TSR을 경유할 경우, 서유럽 또는 스칸디나비아까지의 화물운송시간은 약 17~20일 정도가 소요되어 해운서비스에 비해 빠르다. 그렇지만 2005년 이후에는 해상운임이 하락하는 현상이 발생하고 2006년에는 세계적으로 유가가 인상됨으로써 TSR 요금이 2배 가까이 상승하게 되어 오히려 TSR을 이용하는 화물은 급속히 감소하고 있는 실정이다. 이것은 곧 물류에 있어서는 운송시간을 기준으로 하는 서비스의 품질보다는 상대 가격의 비교가 화물운송에 있어서 주요 결정요인으로 작용하고 있음을 보여주고 있다. 보스토치니와 부슬로프트카야

(Buslovskaya) 간 TSR 수송은 2004년에 13만TEU로서 최고점에 이르렀지만 2005년에 10만TEU로 감소하였고, 2006년에는 급감하는 양상을 나타내기도 하였다.

동북아시아 역내 수송수요 증가에 따라 활성화된 블라디보스토크 항에서는, 2004년 중반에 Magistral Container Lines가 중국 상해 항과 블라디보스토크항 간 주간(weekly) 서비스를 시작하였다. Severstaltrans와 조인트 벤처 형식으로 National Container Company(NCC)가 컨테이너 터미널을 운영하고 있으며 NCC는 상 페테스부르크(St Petersburg)와 노보로시스크(Novorossiysk)에서도 항만터미널을 운영하고 있다.

〈표4-2〉 극동러시아 컨테이너 터미널 시설현황 및 시설 이용율

연말기준	2000	2001	2002	2003	2004	2005
컨테이너 부두 연장(m)	1,170	1,170	1,187	1,187	1,812	1,812
컨테이너 갠트리 크레인(기)	4	4	4	4	4	4
컨테이너 부두 이용율(TEU/m)	122	145	185	246	220	252

자료 : OSC, East Asian Containerport Markets to 2020, 2006에서 재생성

2005년 기준으로 극동러시아 항만에서의 컨테이너 터미널 연장은 약 1.8km이고, 4개의 컨테이너 크레인이 설치되어 있다. 항만 부두 1m 당 연간 252TEU의 컨테이너 화물을 처리하고 있으며, 보스토치니의 컨테이너 터미널은 672m의 연장과 12.5m의 수심을 갖추고 있고 4기의 파나맥스 컨테이너 갠트리 크레인이 설치되어 있다. 연간 하역능력은 40만TEU이며, 2004년 10월에 두 번째 컨테이너터미널인 Vostochnaia Stevedornaia

Kompaniia(VSK)가 설립되었으며, 이 터미널의 연장은 625m이고 모빌 크레인(mobile crane)이 배치되어 있다. 이 두개의 터미널은 2005년 중반에 Railfleet Holdings Limited로 새롭게 통합되었으며, Severstaltrans는 75%, P&O Ports (now part of DP World)는 25%의 지분을 보유하게 되었다. 새롭게 탄생한 터미널의 연간 적정하역능력은 80~100만TEU로 추산하고 있다.

2. 극동러시아 항만의 성장잠재력

1) 성장 가능성

러시아 수출입 화물과 연안화물은 블라디보스토크 항을 이용하려는 경향이 뚜렷한데, 매년 40% 정도에 이르는 물동량 증가를 보여주고 있다. 연안화물 증가는 특별히 블라디보스토크 항의 물동량 증가로 나타나고 있으며 연안화물은 연 25%의 증가율을 보이고 있고, 수출입 화물 4% 증가율을 나타내고 있다. 즉 TSR 운임의 급등으로 인하여 수출입 화물 증가세가 둔화되고 있으며, TSR 화물이 해상운송으로 전환되고 있는 실정이다.

P&O Ports는 글로벌 터미널 운영사인 DP World에 의해 합병되었는데, 러시아 보스토치니 항의 신 컨테이너터미널 개발사업을 추진하고 있다. 동 사업에는 러시아 최대의 물류기업인 TIHL(Transportation Investments Holding Limited)와 Severstaltrans, Balttransservice, New Forwarding Company 등이 공동으로 참여

하고 있고, P&O Ports는 1,600만 달러를 투자하여 지분 25%를 확보하는 동시에 신 터미널의 운영권을 획득하였다. 신규 컨테이너 터미널은 총 4개 선석으로 연간처리능력이 80만TEU이며, 이 중 1단계 2개 선석 개발사업에 P&O Ports가 참여할 계획으로 있다. 2004년 보스토치니 항에서 P&O Ports는 27만 3,000TEU를 처리했고, 신 터미널이 개발되어 운영에 들어갈 경우 연간 45만TEU를 처리할 것으로 보인다. 환적화물은 고려하지 않을 경우, 극동러시아 지역의 컨테이너 물동량이 2010년에 90만TEU, 2015년에 128만TEU로 증가할 것으로 예상되고 있다. 그러나 현재 시설용량과 신규개발 용량을 고려하더라도 총용량이 2010년에 95만TEU, 2015년에 105만TEU로서, 시설이용률이 2005년 70.8%, 2010년에 86.3%, 2015년에는 121.9%에 이를 것으로 예상된다. 즉 극동러시아 지역의 컨테이너 물동량은 꾸준한 성장세를 유지할 것으로 보이므로 추가적 시설개발수요도 여전할 것으로 전망된다.

〈표4-3〉 극동러시아 컨테이너 수급추이 전망

단위 : 천TEU

구 분	2004	2005	2006	2007	2008	2009	2010	2011	2012	2013	2014	2015
시설용량	650	650	750	750	850	850	950	950	1,050	1,050	1,050	1,050
시설소요	400	460	520	590	660	740	820	900	990	1,080	1,170	1,280
이용률(%)	61.5	70.8	69.3	78.7	77.6	87.1	86.3	94.7	94.3	102.9	111.4	121.9

자료 : OSC, East Asian Containerport Markets to 2020, 2006에서 재생성

2) 항만활성화 정책

러시아의 경제발전으로 소득증가에 따른 소비수요 증가가 예상되고 있는 실정이다. 또한 러시아의 산업구조가 다변화됨에 따라 대량화물 중심의 국제 수송망은 컨테이너 중심체제로 개편됨에 따라, 컨테이너항만 시설의 확충 및 신규 개발이 요구되고 있다. 나아가 러시아 정부는 외국과의 연계성과 투자유치를 위하여 항만 배후지역에 제조업, IT 산업, 중화학공업단지 등을 건설하려고 한다. 즉 경제의 성장과 외국인 투자유치 확대를 위해 자유무역지역(Special Economic Zone: SEZ)을 설치하여 운영할 계획이며, SEZ는 외국인투자에 대한 세제감면과 물류 및 제조시설 투자를 위한 저렴한 토지 제공 및 행정지원 등을 약속하고 있다. 더불어 발트 해에 있는 상트 페테르부르크 항과 칼리닝그라드 항, 그리고 극동지역의 블라디보스토크 항, 보스토치니항 등에 SEZ를 지정할 계획을 있다. 그리고 러시아 정부는 교통정책의 입안과 추진에 있어 글로벌 교통망과의 연계성을 중요하게 감안하고 있으며 자국의 내륙 교통망과 항만을 유럽과 아시아에 연결하는 물류네트워크를 구축하려고 한다.

3) 근해 항로의 위축

시베리아 횡단철도는 극동러시아 블라디보스토크 밑의 나호드카(Nakhodka) 항에서 핀란드 부스로브스카야(Buslovskaya)까지 연결되어 있다. 러시아나 유럽으로 화물을 보내는 화주들이 TSR을 이용하는 대신 해상항로로 화물을 운송하려고 하는 주된 이유는, TSR 운임이 2006년부터 30% 정도 인상되어 부담이 커지게 된 때문이다. 즉 핀란드를 목적지로 하는 TSR 이용 화물에 대하여 운임을 40피트 컨테이너(FEU) 당 1,141 달러 인상하고, 모스크바를 목적지로 하는 화물에 대해서 별도의 FEU 당 450~550달러의 부가가치세를 부과하기로 하였다.

러시아 철도가 민영화된 뒤 시설 투자비 회수와 유가 인상 등에 따라 TSR 운임이 인상되었으며, 한국무역협회가 추정한 바에 의하면 한국 화주의 경우 전체 523억원에 달하는 추가 부담이 불가피할 것이다. 따라서 중국 및 한국에서 TSR 화물을 운송하는 3개 근해선사는 수송물량이 줄어들 것으로 충분히 예견된다. TSR 운임(FEU당 3,600달러~3,700달러)과 유럽항로를 이용한 해상운임(FEU당 3,300달러)을 비교해 볼 때, TSR을 이용하는 경우의 비용상의 장점이 없어졌고, 더구나 유럽 항로의 경우 투입 선박량 증가로 인해 해상운임이 지속적으로 떨어질 가능성이 크다. 따라서 원양항로 운항선사는 TSR 물량을 추가적으로 흡수할 수 있는 여력이 발생함으로써, 상대적으로 화물이 늘어나게 되었으며 실제로 TSR 운임 인상 이후에는 한국의 대형 복합운송업체들이 TSR을 이용한 화물 선적을 중지하고 해상운송으로 전환하고 있는 실정이다. 사실 한국의 화주들이 부산항에서 극동러시아 항으로 피더선으로 연결 후 TSR을 이용하면 운송기간은 20일이 소요되는데 반해, 유럽 항로를 이용한 해상화물 운송의 경우 기간이 34일 정도 걸려서 시간이 촉박한 화물의 경우에는 주로 TSR을 이용해 왔다. 아시아 출발하여 유럽을 향하는 해상 컨테이너 운임은 크게 인하되어 해상 운송이 TSR보다 유리한 것으로 나타나고 있다. 심지어 해상 운송의 경우 40피트 컨테이너 기준 핀란드 코트카(Kotka) 항까지의 운임은 터미널 비용을 제외할 때 2,500달러 정도에 그치고 있는 실정이다.

1. 항공운송

독립국가연합(Common-wealth of Independent States : CIS)은 12개국으로 구성되어 있는데, CIS 국가들은 러시아, 우크라이나, 몰도바, 벨로루시(Belarus), 아르메니아, 아르제바이잔, 그루지아(Georgia), 카자흐스탄, 우즈베키스탄, 투르크메니스탄(Turkmenistan), 키르기스탄(Kyrgyzstan),타지키스탄(Tajikistan) 등이다. 그렇지만 러시아는 CIS의 국가들 중에서 지리적으로 광대한 지역을 차지하고 있으면서, 상대적으로 경제발전 수준이 높은 나라로, CIS 지역 항공운송물동량의 78%를 점유하고 있다.

〈그림4-2〉 CIS지역에서의 러시아 항공물동량

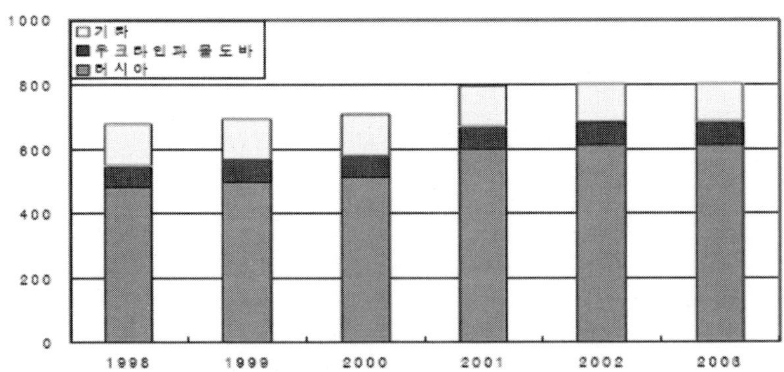

자료 : World Air Cargo Forecast 2004/2005.

전 세계 항공 화물 물동량의 약 2~3%를 차지하는 CIS지역의 국내 및 국제 항공화물 물동량은 2003년을 기준으로 총 800,000 톤이었으며, 그 중 90% 이상이 CIS 소속 항공사들에 의해 운송되었다. CIS 소속 항공사는 다국적 기업과 외국 정부들을 대상으로 하여 항공기 임대(charter) 서비스를 제공하는 형태로 약 150,000톤을 수송하였다. 그리고 러시아는 유럽과 아시아에 연결되는 지리적 이점을 이용하여, 물동량이 늘어나고 있는 유럽-아시아 항로를 통하여 물동량 운송에 있어서 큰 이윤을 거두고 있다. 또한 러시아는 시베리아, 러시아 북부지역 등에는 내륙운송 인프라가 미비한 관계로, 항공 화물 운송 수요가 상대적으로 많은 편이다. 2003년의 경우 러시아는 279,000톤의 국내항공화물을 운송하였다.

〈표4-4〉 활주로 길이 및 포장 상태에 따른 공항 개수

구 분	914m 이하	914m~1,523m	1,524m~2,437m	2,438m~3,047m	3,047m 이상	소 계
포장 활주로	151	115	108	202	54	630
비포장 활주로	1,392	291	134	45	25	1,887
소 계	1,543	406	242	247	79	2,517

자료 : 러시아 교통부.2. 러시아-유럽 및 아시아가 항공화물 주요 교역 지역

러시아는 2,517여개의 공항을 보유하고 있고, 그 중에서 25% 정도가 포장된 활주로이다. 나머지 대부분 공항은 비가 올 경우 활주로가 젖어 항공기 이착륙이 쉽지 않은 실정이다. 주요 국제공항으로는 모스크바의 세르베쩨보공항, 쌍뜨 빼쩨

르부르그의 뿔꼬보공항이 있으며, 1990년 이후에 많은 수의 민영항공사가 건립되었다. 구 소련 당시 유일한 국영항공사였던 아에로플로트 항공사는 현재 정부가 대주주인 합작회사로 운영되고 있다.

2. 주요 항공 교역국

구 소련연방이 해체되면서 항공화물 수요가 크게 줄어들었다. 그러나 러시아 소비자들의 외국 상품, 특히 전기, 전자, 의류 등에 관한 소비가 늘어남에 따라, 국제항공화물 수요는 많이 증가하였다. 그 결과 1992년에서 1997년까지 국제 항공화물 물동량은 4배 정도 증가하였지만, 1998년 금융위기로 인하여 내국산 제품에 대한 선호 현상이 나타남으로써 외국제품 수요가 줄어들게 되었다. 그러나 1998년 이후 CIS 국가들의 에너지 및 광물자원 수출이 증가하면서 수익이 늘어남에 따라 CIS 지역 내의 항공화물 물동량이 매년 11.1% 증가하면서, 동시에 국제화물 물동량도 매년 1%씩 증가하기에 이르렀다. 그것은 외국의 소비재 제품 중에서 전기 및 전자 제품과 의류에 대한 수요가 다시 늘어나게 되었기 때문이다. 러시아와 항공화물 교역하는 지역은 아시아, 유럽, 아프리카, 북미, 서남아시아, 중동, 남미 등인데 지리적 여건상 역시 아시아와 유럽 지역과의 교역량이 전체의 66%를 점유하고 있는 실정이다. 예견하는 대로 CIS지역 항공화물 물동량의 대부분은 러시아가 담당하고 있으며, CIS 국가 중에서 러시아를 제외하면 화물운송량은 연간 25,000 톤 수준으로 전체 항공 화물량의 5% 수준이다.

〈그림4-3〉 CIS 국내 및 국제 화물물동량 추이

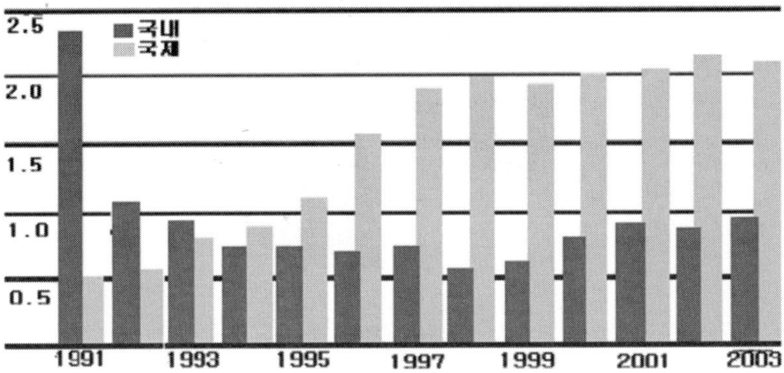

자료 : World Air Cargo Forecast 2004/2005.

〈그림4-4〉 러시아의 항공화물 교역지역 분포

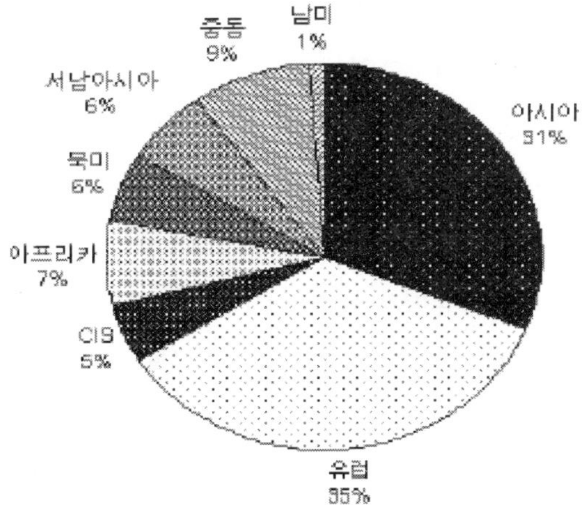

자료 : World Air Cargo Forecast 2004/2005.

〈그림4-5〉 유럽-CIS 국가간 항공화물 거래량 분포

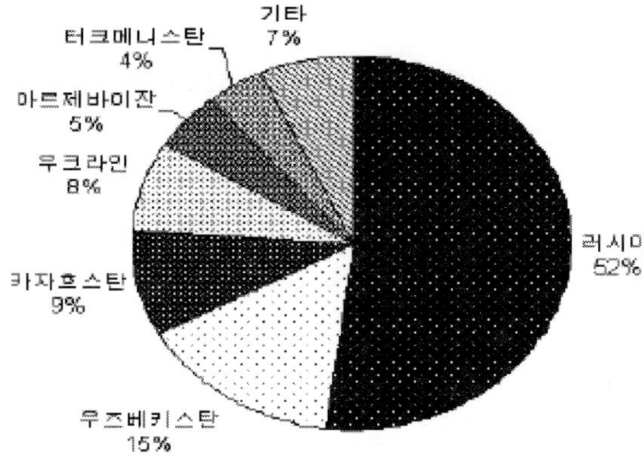

자료 : World Air Cargo Forecast 2004/2005.

CIS는 유럽 지역과 2003년 138,000톤 규모를 처리하여, 전체 물동량의 35%를 차지함으로써 가장 큰 비중을 점유하고 있다. 특히 유럽으로부터의 수입물량은 99,000 톤으로써, 전체 수입물량의 72%를 차지하며 수입이 수출보다 많다. 주요 수입품목으로는 고가의 의류, 의약품, 의료장비, 컴퓨터 및 통신 장비, 유류 및 가스 추출 장비 등이 주로 차지하고 있다. 유럽으로부터 상품을 주로 수입하는 국가는 러시아 이외에, 우즈베키스탄, 카자흐스탄, 우크라이나 등이다. 러시아가 1993년 이후 유럽지역으로 수출한 물량은 연평균 39,000톤으로써, 상대적으로 적은 양이지만 매년 15%정도로 크게 성장하고 있는 실정이다. 주 수출 품목은 고가의 금속, 과학기구, 국방제조장비, 항공우주제조장비, 화학제품 등이다. 아시아 지역은 전체 CIS 물동량의 31%를 차지했으며, 특히 북중국에서 러시아로 수입되는 전자제품과 의류 등의 소비재 제품이 대부분을 차지했

다. 2002년 말까지 러시아-중국 화물의 80%가 부정기적으로 운항되는 임대 항공기에 의해서 운송되었다. 그러나 2003년에 새로운 양국 간 관세규정에 의해 30%의 물동량 감소를 가져오기도 하였다. 이를 극복하고자 러시아는 관세규정과 민항항공정책 등을 수정함으로써 부정기적으로 운항되는 항공기를 정기운항으로 전환하는 노력을 시도하기도 하였다.

3. 군용기를 이용한 항공화물 수송

CIS 지역은 구 소련연방에서 사용된 터보프로펠러와 제트엔진을 이용하는 군용기를 주로 이용하여 항공화물 운송하고 있다. CIS 지역에 460대 군용 화물기가 있는데, 그 중에서 340대 정도가 화물운송에 투입된 것으로 알려져 있다. 그러나 구 소련연방 시기에 생산된 대부분의 군용기는 ICAO 3장에 명시된 소음규정과 CAEP 배기가스기준에 위배된다. 그리고 군용기 생산량이 늘어나는 물동량수요에 대응하기에는 크게 부족한 실정이다. 또한 국제운송시장에서 군용기는 과비용으로 인해 경제적인 측면에서 적절하지 않다. 따라서 점차 민간 화물기로 대체될 것으로 전망된다. 그러나 군용기는 일반화물기를 이용할 수 없는 특수 화물 운송을 담당하고 있다. 즉 유럽, 북미, 아시아 지역의 유류 및 가스 추출 기업, 항공제조 기업, 전기발전용 제품생산 기업, 인프라 개발 기업 등을 대상으로 항공 물류 서비스를 제공하고 있다. 특히 중동과 아프가니스탄 등 전쟁 위험 지역에 미군 물자 수송도 감당하고 있다.

4. 항공 물류 시사점

러시아의 공항들의 시설은 대부분 낙후되어 있으며 기본적인 서비스도 제대로 제공하지 못하는 실정이다. 따라서 활주로, 승객 및 화물 터미널, 항공통제시스템, 통신장비 등 모든 분야에 있어서, 공항 현대화가 필요하다. 러시아는 최근 오일달러 유입으로 경제 성장의 발판을 마련함으로써, 장기적인 계획 하에 항공인프라 확충을 계속할 것으로 예견된다. 실질적으로 대도시의 숫자도 많지 않고, 70개 국제공항들은 서로 근접해 있어서 효율성이 떨어지는 관계로 500km 반경 이내에 하나의 공항을 유지하려는 계획을 추진하고 있다. 즉 허브 앤드 스포크(Hub & Spok) 시스템을 구축하는 방안으로, 허브 공항 8개를 선정하여 국제공항으로 발전시키면서 허브공항을 연결하는 국내공항 20개를 건설하려는 것이다. 중심공항들로는 예카터린버그(Yekaterinburg), 카바로브스크(Khabarovsk), 노보시버스크(Novosibirsk), 크라스야스크(Krasno- yarsk), 크라스노다(Krasnodar), 극동러시아(Far East), 모스크바(Moscow) 등에 계획하고 있다.

특별히 러시아는 중장기 경제정책으로 '지역균형 발전을 위한 시베리아와 극동지역개발'을 추진하면서, 극동러시아 지역의 항공인프라를 확충하려고 한다. 이 지역의 면적은 미국의 2/3에 해당하며 도로, 철도 등 육상 교통수단이 제대로 발전하지 않은 관계로 경제적으로 낙후되어 있다. 즉 항공수송망의 구축은 이 지역의 경제 발전에 아주 중요하며, 따라서 러시아는 외국 투자 자본을 유치하여 사회간접자본을 건설하려는 계획을 가지고 있는데, 특히 미국이 러시아 항공시장 진출에 적극성을 띠고 있다. 주목할 만한 것은 극동 러시아 지역이 러시아 전체 항공물동량의 38%를 차지하고 있는데, 매년 승객 200만 명과 3만 톤의 화물을 수송하고 있다. 그러나 이 지역에 200여개의 공항이 있지만 주로 남부지역에 위치하고 있는 실정이다. 그러나 포장된 활주를 구비하여 대형 화물 운송기나 여객기 이착륙이 가능한 공항은 13개 공항에 불과하다. 나머지 공항들은 활주로가 비포장이어서 봄과 가을의 경우 노면이 젖는 관계로 이용에 어려움이 크다. 주요 항공운송 거점 공항들은 카하바브로스크(Khabarovsk), 블라디보스톡(Vladivostok), 유즈흐노-삭할인스크(Yuzhno-Sakhalinsk),비라고베스첸(Blagoveshchen), 마가단(Magadan), 피트로파브로-캄챳스키(Petropavlo-Kamchatski, 야쿠트스크(Yakutsk)에 주로 위치하고 있다.

CIS-유럽간 항공화물 시장은 향후 20년간 6.5%의 연평균 성장률을 보일 것으로 보잉사의 분석은 전망하고 있다. 유럽으로부터의 수입화물은 매년 5.9% 성장하고 있는데, 2003년 99,000톤에서 2023년까지 312,000톤으로 늘어날 것으로 전망한다. 1998년 금융위기 이후에는 유럽으로부터의 수입품이 러시아 국내 생산품이나 아시아 제품과 비교하여 가격이 비싼 편이나, 특히 독일이 러시아에 투자함으로써 러시아인들이 유럽 소비재 수요를 늘리고 있어서 장기적으로 늘어날 것으로 전망된다.

〈그림4-6〉 CIS-유럽 간 수입항공물동량 전망

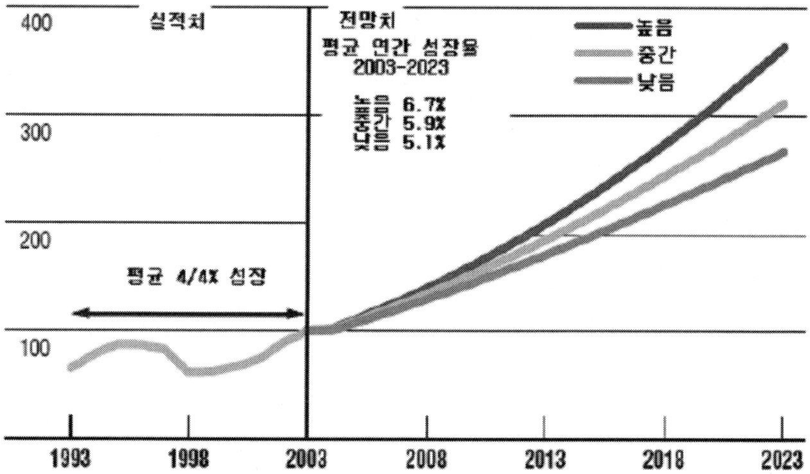

자료 : World Air Cargo Forecast 2004/2005.

러시아에서 유럽으로의 수출은 수입보다 큰 매년 7.9% 성장할 것으로 예상하고 있는데 2023년까지는 177,000톤으로 늘어날 것으로 전망하고 있다. 주 수출품은 의류, 특수화공품, 금속, 특수과학장비, 우주항공장비 등으로서 경제 성장의 주력상품으로 나타날 것이다. 러시아가 WTO에 가입하고 안정적인 외국인 투자 환경을 조성함으로써 공산품 수출에 우호적인 여건을 조성할 것으로 전망된다. 그러나 정치적 불안정, 아시아 제품과의 가격경쟁력, 지역갈등 등이 상존하는 한에 있어서는 항공화물 시장의 성장이 정체될 것으로 보인다.

〈그림4-7〉 CIS-유럽 간 수출항공물동량 전망

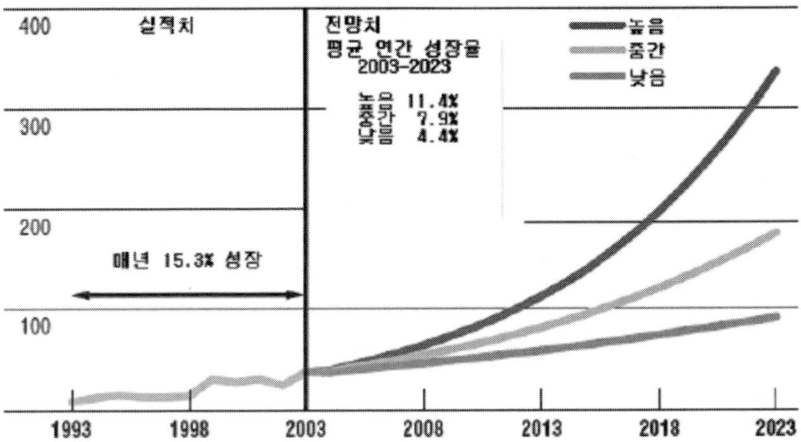

자료 : World Air Cargo Forecast 2004/2005.

제15장

극동러시아의 내륙물류

1. 러시아와 극동 · 자바이칼의 교통

1) 러시아의 교통

러시아는 2000년부터 연평균 6%대의 경제 성장과 고정자본 투자의 회복, 대내외 교역의 빠른 성장과 실질소득의 증가 등으로 인하여 교통 · 물류 수요가 빠르게 증가하고 있다. 그런데 실질적으로는 철도와 파이프라인이 러시아의 화물운송에서 톤 기준과 톤 · km 기준 모든 부문에서 화물운송을 담당하고 있는 실정이다. 반면 해상운송은 톤 기준과 톤 · km 기준 모두 감소하고 있고 2004년에는 전년 대비 각각 25%, 27.7%씩 감소하였다. 도로의 경우에는 톤 기준 실적은 높으나 톤 · km 기준으로는 매우 낮은데 이것은 자동차 수송이 장거리에는 비용이나 운행 여건면에 있어서 적절하지 못하기 때문이다. 그것은 러시아의 도로 인프라가 낙후되어 있다는 것과 영토가 매우 광활하여서 비용측면에서도 효율성이 떨어지기 때문이다. 따라서 시베리아횡단철도(Trans-Siberian Railway: TSR)가 동-서간 주 간선교통망의 역할을 담당하여 왔다.

2004년에는 톤 기준으로 전체 화물운송실적이 1995년에 비교하여 83.0% 수준에 불과하나 톤 · km 기준으로는 123.7%를 달성하였다. 교통 수단별 화물운송 실적 지수를 대비해 볼 때,

철도와 파이프라인은 1995년의 수준을 2000년에 이미 회복하였으며 이후 급속히 늘어나고 있지만, 도로와 해운은 톤 기준으로 볼 때, 1995년의 50%에도 다다르지 못하였다. 항공 운송의 경우에는 2001~2003년 사이에 연간 톤 기준 화물운송실적은 1995년의 80% 정도에 머무르고 있으며 톤·km 기준으로 볼 것 같으면 2004년에는 1995년의 140% 수준에 이르렀는데, 이것은 장거리운송 비중이 늘어났기 때문이다.

〈표4-5〉 러시아 공공교통의 수단별 화물운송 실적

구분	백만 톤					십억 톤·km				
	2000	2001	2002	2003	2004	2000	2001	2002	2003	2004
전체	2,559.8	2,609.9	2,612.9	2,755.8	2,868.9	3,479.5	3,591.6	3,801.7	4,105.7	4,371.0
철도	1,047	1,058	1,084	1,161	1,221	1,373	1,434	1,510	1,669	1,802
도로	550	561	503	490	494	23	23	23	25	28
파이프라인	829	853	899	976	1,024	1,916	1,962	2,100	2,273	2,413
해운	27	24	26	24	18	100	94	93	65	47
내륙수운	106	113	100	104	111	65	76	73	71	78
항공	0.8	0.9	0.9	0.8	0.9	2.5	2.6	2.7	2.7	3.0

자료 : Росстат. Транспорт в России 2005: Стат. сб., Москва: Росстат. 2005. р. 48. 49.

〈표4-6〉 공공교통의 수단별 화물운송 실적 지수

단위 : 1995년 기준, %

구분	백만 톤					십억 톤·km				
	2000	2001	2002	2003	2004	2000	2001	2002	2003	2004
전체	74.0	75.5	75.6	79.7	83.0	98.5	101.7	107.6	116.2	123.7
철도	101.8	102.9	105.4	112.9	118.8	113.1	118.1	124.4	137.5	148.4
도로	38.1	39.0	34.9	34.0	34.3	74.1	73.6	73.6	80.1	90.4
파이프라인	105.9	109.0	114.9	124.8	130.9	100.9	103.3	110.6	119.7	127.1
해운	40.7	37.1	39.9	36.7	27.8	33.6	31.5	31.4	22.0	16.0
내륙수운	75.4	80.3	71.5	74.5	79.2	73.0	84.6	81.7	79.6	86.7
항공	127.5	82.0	83.6	78.6	80.8	161.0	121.1	122.7	126.1	138.4

자료 : Росстат, Транспорт в России 2005: Стат. сб., Москва: Росстат, 2005, р. 48, 50.

러시아 내륙운송체계는 철도 중심의 물류체계를 가지고 있지만, 시장경제체제로의 전환한 이후로는 운송수요가 급격하게 변화하여서 도로 인프라의 중요성이 커지고 있음을 부인할 수 없다. 즉 물류 수요가 다양해짐에 따라 단위당 운송량은 줄어들고 화물의 출발지와 목적지가 다변화한 결과로, 운송강도(transport intensity)가 크게 떨어졌으며, 오히려 정시운송 개념이 중요하게 됨에 따라 도로운송에 대한 수요가 크게 증가하고 있다. 그렇지만 벌크화물과 에너지 자원 수송에 편리한 철도와 파이프라인을 중심으로 물류인프라 구축되었고, 도로 인프라망은 낙후되었다. 따라서 북서부지역은 경제활동이 활발해짐에 따라 주요 간선도로망의 체증이 심각해졌고 실질적으로 전국을 관통하는 단일 기간도로망도 구축하고 있지 못하다. 러시아가 2010년까지 GDP를 2배로 확대하려는 경제계획하에서 도로망 구축이야말로 핵심적인 과제이다. 즉 앞으로 수년 내에 도로 수송량이 80% 정도 늘어나야 되며, 더구나 시베리아·극동지역 및 북방지역의 도로망 구축은 풍부한 자원을 가진 이들 지역의 경제발전을 위하여 필수적이다. 도로를 건설하게 되면 고용을 촉진시키고 인접지역의 자산가치 상승과 투자환경 개선을 개선시키며, 교육·의료시설에 대한 접근성을 제고시키는 등의 경제적 파급효과가 매우 커서 도로건설을 위한 투자의 확대가 절실히 요구되고 있다.

러시아는 단일 기간도로망의 구축, 국제수송로 루트와 연결된 도로의 확충, 물류센타의 설립과 발전, 국경통과절차의 단순화를 위한 제도 마련 등이 필요한 실정이다. 연방특별프로그램 「러시아의 교통체계 현대화(2002-2010)」에는 동-서 방향으로 러시아의 서부지역 국경에서 태평양 연안까지 연결되는 주요 도로망을 구축함으로써 서부 및 우랄지역을 시베리아·극동지역과 연계시키려고 한다. 즉 체증이 심한 구간의 도로 인프라를 확충하고 대도시 우회도로 건설하며 간선도로에서 카자흐스탄·몽골·중국·북한 국경지역까지 연결하는 남부 도로를 확충하며 철도·항만·공항·터미널에 접근하는 도로를 건설하려고 한다. 접경지역 수송로 활성화라는 차원에서는 중국, 카자흐스탄 등의 국가들과 국경통과 도로망을 건설하고 아무르, 아르군, 키가츠 강의 교량을 건설을 위한 국경통과 공동프로젝트도 추진하고 있다.

2) 극동·자바이칼의 교통

21세기 세계경제에서 가장 역동적으로 발전하고 있는 극동·자바이칼 지역은 아·태지역 및 동북아지역과 근접한 지리적 연결성으로 인해 이 지역 국가들과 긴밀한 경제관계를 구축할 여지가 충분하다. 극동·자바이칼 지역은 풍부한 자원을 보유하고 있는 동시에 유럽과 아·태지역 및 동북아를 연계하는 지형적 교량으로서의 위치를 점하고 있다. 러시아 연방 및 극동·자바이칼 지방정부는 이런 통과운송 잠재력을 지역발전에 활용하기 위하여 교통인프라 개선 및 확충사업을 수립하여 시행에 옮기고 있다.

극동·자바이칼 지역의 교통체계를 보면 사실 철도, 도로, 내륙수로, 해운항만, 항공, 파이프라인 등 모든 운송수단을 활용할 수 있는데, 교통인프라 현황은 다른 지역에 비교해 볼 때 크게 미흡한 실정이다. 비록 극동·자바이칼 지역이 러시아 전체 면적의 약 40%에 이르지만 육상 교통로로서는 지역을 통합할 정도에 이르지 못하고 있다. 극동·자바이칼 지역의 철도 총연장이 러시아 전체의 13.8%(86,151km), 포장도로의 총연장길이는 9.5%, 내륙수로는 28.7%에 불과한 실정이 이런 실정을 잘 대변해 주고 있다. 보다 세부적으로 철도의 1만㎢당 노선밀도는 러시아 평균의 3.6배나 작으며 도로의 경우에는 5.6배나 작은 실정이다. 따라서 극동 지역의 철도·도로의 노선밀도는 러시아 전체 7개 연방관구 중 가장 낮은 수준에 머무르고 있다.

극동·자바이칼 지역은 주로 철도와 도로에 의존하여 화물운송을 담당하고 있고, 여객운송의 경우에는 철도, 도로, 항공에 의존하고 있는 실정이며 수출입화물 운송은 철도 및 해상운송이 감당하고 있다. 그러나 극동·자바이칼 지역에서 도로의 화물수송량은 2000~2004년 기간 동안에 81.1% 증가하였고 철도의 화물수송량은 27.3%가 증가하였다. 동일한 기간에 톤·km을 기준으로 한 화물운송실적은 도로의 경우 54.6%, 철도는 42.6%가 증가하였음을 볼 때, 철도를 통한 운송이 장거리 위주임을 알 수 있다.

러시아 극동지역에는 파이프라인 공급망이 발전되어 있지 않아서 석유 및 가스의 파이프라인 운송분담율이 러시아의 다른 지역에 비하여 매우 낮은 실정이다. 반면 극동지역에서의 철도 운송 분담율은 톤 기준으로 26.5%이나 톤·km 기준으로는 80.4%에 이르러서, 극동지역에서 철도가 중장거리운송에서 차지하는 비중이 어느 정도인지 확인할 수 있다. 그러나 톤 기준으로 볼 때 도로의 운송분담율이 61.8%로, 러시아 전체의 도로운송 분담율 17.8%를 크게 상회하고 있어서 단거리 운송을 위한 도로 운송이 여타 지역에 비해 크게 강조되고 있음을 알 수 있다.

2. 극동지역의 내륙교통

1) 철도

(1) 현황

극동지역에는 동서 국제운송로인 시베리아횡단철도(Trans-Siberian Railway : TSR)와 BAM(Baikal-Amur Mainline)철도, 이들 간선 철도의 지선들이 구축되어 있다. 지선철도로는 TSR과 BAM 철도를 연계하는 세 개의 지선과 BAM에서 분기되어 사하공화국으로 향하는 지선, TSR에서 분기되어 북한과 연계되는 지선, 그리고 중국으로 향하는 두 개의 지선이 있다. 그리고 사할린 주에는 남북 종단 철도가 있으며, 이곳의 궤간은 러시아의 일반적인 광궤(1,520mm)와 달리 협궤(1,067mm)이다. 러시아는 러시아는 사할린철도의 궤간을 협궤에서 광궤로 교체하려는 계획을 가지고 있다. 러시아 극동지역에서는 연해주, 하바롭스크주, 아무르 주, 사할린 주, 사하(야쿠치야)공화국, 유대인자치주에 철도가 운영되고 있으며, 캄차트카 주, 마가단 주, 추코트카자치구에는 철도 노선이 없는 실정이다. 러시아 극동지역 철도의 영업거리는 2004년 말 기준으로 8,069km로서 러시아 전체의 9.46%에 이른다. 영업거리가 가장 긴 지역은 아무르 주이며 총연장 2,934km이르고, 가장 짧은 지역은 사하(야쿠치야)공화국으로 165km 정도이다. km/10,000㎢를 기준으로 하는 철도노선밀도에서 극동지역은 13으로 러시아 전체 수치의 약 1/4 수준이다. 그러나 유대인자치주, 연해주, 사할린주, 아무르 주는 철도노선밀도면에서 러시아 평균보다 높고, 광대한 지역을 보유하고 있는 사하(야쿠치야)공화국은 철도노선밀도가 0.5 정도로 아주 낮은 수준이다.

〈표4-7〉 극동러시아의 철도지표

구 분	영업거리(km)	철도노선밀도 (km/10,000㎢)	철도화물수송량 (백만 톤)
러시아연방	85,286	50	1,221.2
극동지역	8,069	13	52.6
사하(야쿠치야)공화국	165	0.5	10.0
연해주	1,553	94	12.7
하바롭스크 주	2,099	27	18.1
아무르 주	2,934	81	7.5
사할린 주	805	92	2.6
유대인자치주	513	142	1.7

자료 : Росстат, *Транспорт в России 2005: Стат. сб.*, Москва: Росстат, 2005, pp. 61-70.

극동지역의 철도 화물운송실적을 보면, 공산주의 체제에서 전환한 이후 변화의 과도기에는 감소현상을 보이다가 2001년의 4,240만 톤으로 최저를 기록한 이후 점차 상승하고 있으며, 2003년과 2004년에는 각각 전년 대비 9.6%, 4.6%씩 증가하였다. 하바롭스크의 철도화물운송실적은 2004년 극동지역 전체의 34.4%인 1,810만 톤을 달성하여 지역 1위 자리를 차지하였고, 연해주, 사하공화국, 아무르주 순으로 그 뒤를 잇고 있다.

〈그림4-8〉 극동·자바이칼 지역의 운송인프라

자료 : Институт экономических исследований ДВО РАН, *Дальний Восток и Забайкалье в России и АТР*, Хабаровск, 2005, p. 36.

러시아 극동철도의 노선이 시베리아횡단철도와 일치하는 것은 아니더라도 BAM 철도의 수송물량이 상대적으로 적은 관계로 사실상 극동철도가 취급하는 화물의 상당 부분이 시베리아횡단철도의 물동량에 연결되고 있고 있는 실정이다. 극동철도의 화물수송량은 2002년에 톤 기준으로 3,961만 톤으로써 전년 대비 9.4% 증가하였으며 톤 · km 기준으로는 924억 톤 · km을 달성하여 전년 대비 10% 증가하였다. 영업실적 변화면에서는 1998~2002년 사이에 톤 기준 화물수송실적은 39.5%, 톤 · km기준으로는 78.7% 상승하였는데, 동 기간 동안 평균수송거리가 512km 증가하여 노동생산성 상승을 가져왔다.

〈표4-8〉 철도화물 수송실적

단위 : 백만 톤

구 분	1995	2000	2001	2002	2003	2004
러시아연방	1,028.0	1,046.8	1,057.5	1,083.7	1,160.9	1,221.2
극동지역	44.7	42.8	42.4	45.9	50.3	52.6
사하(야쿠치야)공화국	8.0	8.4	8.3	8.6	9.3	10.0
연해주	13.4	11.5	10.6	10.9	11.8	12.7
하바롭스크 주	8.4	13.3	13.8	16.0	17.8	18.1
아무르 주	9.8	5.8	6.2	6.6	7.3	7.5
사할린 주	3.5	2.2	2.0	2.0	2.1	2.6
유대인자치주	1.6	1.6	1.5	1.8	1.9	1.7

자료: Росстат, *Транспорт в России 2005: Стат. сб.*, Москва: Росстат, 2005, pp. 69-70.

〈표4-9〉 극동철도의 주요 영업지표(1998~2002년)

지표	1998	1999	2000	2001	2002
화물수송량(천 톤)	28,393	34,499	36,896	36,218	39,610
수송총량(백만 톤 · km)	51,702	72,992	84,754	83,956	92,402
평균수송거리(km)	1,821	2,116	2,297	2,318	2,333
여객수송량(백만명 · km)	3,958	3,487	4,082	3,869	3,967
노동생산성(천 톤 · km/명)	1,067	1,407	1,551	1,610	1,784

자료 : 辻 久子・ドミトリー・セルガチョフ, "改革を進めるロシア鉄道の概要と極東における展開," ERINA REPORT, Vol. 62, March 2005, p. 21.

(2) TSR

TSR은 모스크바와 블라디보스토크를 연결하는 총연장 9,288km의 철도로서 러시아의 유럽지역, 우랄, 시베리아, 극동과 발틱해, 흑해 및 태평양의 항만을 연계하는 러시아의 기간철도교통망이다. 전철화사업이 2002년에 완료되어 모든 구간은 복선 전철화로 되어 있고, 연간 총 1억 톤의 수송능력을 갖고 있는데 그 중에서 아·태지역과 유럽 및 중앙아시아 간 국제통과수송 물동량 2십만TEU이다. 러시아의 20개 연방주체, 5개 연방관구를 관통하는 TSR은 총 6개 지방 철도지사가 운영하고 있다. TSR은 산업화의 중심적 기능을 담당하고 있는데, 국내 철도수송 중에서 담당하는 비중이 45%에 이르고 있다. 특히 TSR 통과 지역에 러시아 전체 산업의 80% 이상이 집중되어 있는 실정이며, 석탄생산 65%, 원유가공 20%, 목재가공의 25% 이상이 이 지역에서 시행되고 있다.

TSR의 화물열차의 표준속도가 45~50km/h이고, 일부 구간에서 화물열차의 최대허용속도는 90km/h, 여객열차의 최대허용속도가 120km/h이며, 1일 컨테이너 열차의 평균운행거리는 1,200km에 이른다. 러시아 동부지역철도의 약 2,300km가 극동지역에 위치하고 있는데, TSR은 전구간이 복선화되어 있고 하바롭스크의 아무르 강 철교는 상단과 하단이 복층으로 되어 있어 도로와 철도 운행에 동시 사용되고 있다. 이 철교를 이용한 철도는 1998년 11월부터 운행이 시작되었고, 도로는 1999년 11월부터 사용되기 시작하였다. 그러나 이 철교의 3km 철로는 단선이기 때문에 1942년부터 사용된 7km의 아무르 강 터널과 함께 사용되고 있는 실정이다. 극동지역 철도는 바니노, 나호트카, 블라디보스토크, 포시에트, 자루비노 등 극동지역 항만으로 연결되어 있으며, 북한, 중국 등과는 핫산-두만강, 그로데코보-수분하, 마할리노-훈춘 등의 접경철도로 연결되어 있다. 향후 러시아는 철도운송의 발전에 주목하면서 항만 접근철도역의 시설 개선에 집중 투자함으로써, 극동 해운항만의 발전 잠재력 극대화할 계획을 가지고 있다.

러시아의 TSR은 매일 나호트카에서 핀란드, 벨로루시, 중앙아시아 국경까지 연계된 컨테이너 블록 트레인이 6회 운영되고 있으며, 나호트카-보스토치니-카자흐스탄으로 연결되는 직결 수송로를 갖고 있고, 러시아 극동과 지중해 및 인도양과 연결된 루트임 주목해야 한다. TSR의 컨테이너 블록 트레인 운영 실적은 2004년 1,331회로서 전년 대비 34.0% 상승하였다. 유라시아 횡단철도의 간선으로서 큰 잠재력을 갖고 있는 TSR은 BAM 철도와도 연계되어 있다. 타이쉐트에서 BAM 철도 노선으로 틴다와 스코보로디노를 통해 이후 TSR로 연결되므로 철도 통과수송 시간이 5시간이나 단축되며, 태평양의 주요 항만, 남야쿠치야 등으로 나아가는 가장 경제적인 노선이다. 이렇게 연결되는 노선은 연해주, 블라디보스토크, 나호트카 등으로의 운송거리를 200km나 단축시키며, 바니노 항(소베츠카야 가반)까지는 약 500km, 야쿠치야 까지는 약 600km를 단축시키고, 사하린, 캄차트카 및 마가단까지 해상로로 이동하는 여객 및 화물의 경우에는 1,000km를 단축시켜주고 있다.

현재 TSR은 한국, 중국, 일본 등 아태지역에서 컨테이너로 수송되는 통과화물 및 수출입화물의 운송로로 활용되고 있으며, 통과수송의 경우에는 주로 아태지역-핀란드-아태지역 노선에서 운영되고 있는 실정이다. 이 노선에서 연장된 극동철도를 통해 운송된 화물의 양은 2004년의 경우 전체 통과화물의 89.0%에 이르렀다. 2004년에 극동철도를 통한 컨테이너 통과 수송의 비중을 보면, 한국발 화물 71.4%, 중국발 화물 27%, 일본발 화물이 1.6%를 점유했다. 유럽발 아태지역 향 수송로의 물동량은 299,300톤으로 2003년 대비 23.2% 증가하였고 아태지역 발 유럽 향 수송로의 물동량은 311,100톤으로 2003년 대비 11.7% 증가한 것에 비교하여, TSR의 컨테이너운송 물동량은 1999년부터 연간 30~35%씩 증가하고 있는 실정이다. 극동지역 항만을 경유한 TSR의 물동량은 2004년에 386,952TEU였고, 그 중에서 통과물동량은 155,000TEU였으며, 핀란드 향 물동량은 124,473TEU에 이르렀다.

〈표4-10〉 TSR의 컨테이너 물동량

단위 : TEU

구 분	1999	2000	2001	2002	2003	2004
수입	12,974	25,233	26,580	50,169	76,691	113,042
통과	34,622	55,351	67,296	70,562	117,136	155,357
수출	7,210	22,857	26,270	37,209	51,675	118,553
계	54,806	103,441	120,146	157,940	245,502	386,952

자료 : Б. Е. Луков, "Практическая деятельность Международного Координационного Совета по Транссибирским перевозкам по реализации потенциала Транссиба: результаты перспективы," Заседание Круглого Стола 「Транспортная Стратегия Востока России」, 27-28 сентября 2005 г., Владивосток.

따라서 한국이 TSR의 컨테이너 수송을 활성화하는 데 크게 기여하고 있음을 알 수 있다. 러시아와 한국간 컨테이너 물동량은 2004년 154,262TEU로 전년 대비 29.09% 증가하였다. 그러나 TSR 물동량 유치 전략상 중국이 중요한 파트너로 급부상하고 있는 것은 사실이다. 실제로 중국-러시아 간 컨테이너 물동량은 2004년에 121,119TEU로 전년 대비 51.7%나 증가하였다. 그런데 중국-러시아간 컨테이너 수송의 경우 60% 정도는 보스토치니 항을 경유하고 있고, 내륙의 자바이칼스크 역을 경유한 물동량이 31%, 그로데코보 역을 경유한 물동량은 9% 정도였다. TSR의 수송능력을 연간 1억 톤인데, TSR은 2005년에 7,200만 톤의 수송을 감당했으며, 컨테이너로서는 총 407,000TEU를 운송하였다. 러시아철도공사가 예측하기로는 향후 3~4년 내에 컨테이너 운송이 1백만TEU로 증가할 것으로 보고 있다.

〈표4-11〉 한·러 간 TSR의 컨테이너 수송 물동량

수송형태	2003년			2004년			전년대비 증가율 (%)
	TEU	FEU	계	TEU	FEU	계	
수입	19,681	3,344	26,369	21,097	7,892	36,881	39.86
통과	4,894	43,159	91,212	5,774	53,956	113,686	24.64
수출	1,004	458	1,920	2,143	776	3,695	92.45
전체	25,579	46,961	119,501	29,014	62,624	154,262	29.09

자료 : Б. Е. Луков, 위의 글.

〈표4-12〉 러시아·중국 간 TSR의 컨테이너 수송 물동량

수송형태	2003년			2004년			전년대비 증가율 (%)
	TEU	FEU	계	TEU	FEU	계	
수입	8,113	14,072	36,257	12,179	20,925	54,029	49.0
통과	558	8,653	17,864	978	17,464	35,906	101.0
수출	6,391	9,653	25,697	6,668	12,258	31,184	21.4
전체	15,062	32,378	79,818	19,825	50,647	121,119	51.7

자료 : Б. Е. Луков, 위의 글.

(3) BAM 철도

BAM 철도는 타이셰트에서 소베츠카야 가반까지 연결되며 총연장 4,300km에서 약 1천 km는 영구동토(永久凍土)지대에 있고, 11개의 강과 7개의 산맥을 통과한다. 8개의 터널과 100m가 넘는 142개의 교량 그리고 200여 개 이상의 철도역과 대피역이 있고 철도 주변에 60개 이상의 도시와 촌락이 있다. 단선으로 되어 있으나 704km인 타이셰트-레나 구간은 복선화 되어 있다. 전철화 구간은 1,429km인 타이셰트-레나-탁시모 부분이며 여타 구간은 디젤기관차로 운행된다. 전체 구간은 폭이 1,524mm인 광궤인데, 는 전체 구간 복선화가 2008년에 계획되어 있고 자동신호체계를 갖추게 된다. 정차시간을 포함한 평균운행속도는 화물열차 37km/h, 여객열차가 40km/h 수준이다.

〈그림4-9〉 TSR과 BAM의 철도 노선

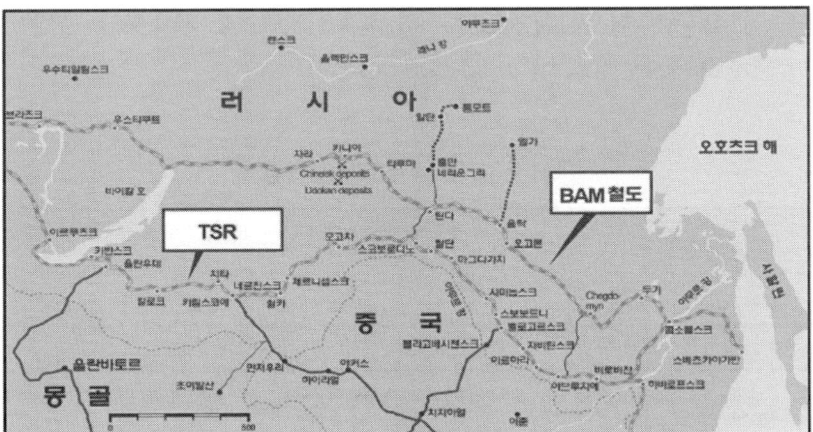

자료 : Jonathan Tennenbaum, "The New Eurasian Land-Bridge Infrastructure Takes Shape," http://www.schillerinstitute.org/economy/phys_econ/landbridge_update1101.html(검색일: 2005. 11. 5)

복선화·전철화되어 있는 서부구간 BAM 철도의 연간운송능력은 1,899만 톤, 단선으로 되어 있는 동부구간은 900만 톤에 이르나, 운송실적은 크게 떨어지고 있다. <표4-11>에서 보는 바와 같이 서부구간은 810만 톤, 동부구간은 약 540만 톤에 불과한 실정이다. 운송화물 중 대부분은 석탄으로서, 네륜크리에서 940만 톤, 체그도민으로부터 230만 톤이 주로 수출되고 있으며 일부가 극동의 화력발전소로 운송되어 사용되고 있다. 운송화물은 대부분은 광물자원으로서 BAM 철도 지선에 70여 가지 이상의 지하자원 광상(鑛床)이 발견된 상태인데, 브랴치야 공화국에는 러시아 아연매장량의 32%, 납의 24%, 텅스텐의 27%, 몰리브덴 광석의 37%가 매장되어 있는 것으로 알려져 있다. BAM 철도의 운송실적은 2010년에는 2003년 대비 46%가 증가하여서 5,990억 톤·km에 도달할 것으로 전망된다. 따라서 BAM 철도 인접지역의 경제적 발전과 천연자원 개발이 BAM 철도 활성화를 위한 중대한 요소이므로 3개 지선도 정비하는 계획을 추진하고 있다.

〈표4-13〉 BAM 철도의 운송실적

서부 구간 (하니-탁시모)		동부 구간 (페브라리스크 ~베스티지에보)		BAM 철도와 TSR의 연결선 (바모프스카야~틴다)	
동행	서행	동행	서행	남행	북행
700만 톤	110만 톤	450만 톤	90만 톤	890만 톤	70만 톤

자료 : 辻久子・ドミトリー・セルガチョフ, "改革を進めるロシア鐵道の概要と極東における展開," *ERINA REPORT*, Vol. 62, March 2005, p. 19.

동시베리아의 석유를 태평양까지 철도와 파이프라인으로 운송하는 Transneft社의 구상에 따라 BAM 철도망 더욱 관심을 끌고 있다. 타이셰트-페레보즈나야 구간 4,200km의 파이프라인을 건설하는 계획이 추진되고 있으며, 그 1단계 작업으로서 타이셰트로부터 약 2천km의 파이프라인을 부설하고 거기서부터 TSR로 나호트카까지 운송하는 방안이 수립되어 있는데, 예상되는 석유운송량이 연간 3천만 톤에 달할 것으로 예측하고 있다. 2단계 작업으로는 소코보로디노에서 나호트카까지 나머지 구간의 파이프라인 공사로서, 동시베리아 지역 내 석유·가스 매장지 개발 및 파이프라인 건설에 BAM 철도를 적극적으로 활용함으로써 BAM 철도를 활성화시키고자 한다. 왜냐하면 BAM 철도 주변 지역에는 중요 광물자원이 매장되어 있고 더구나 동시베리아 지역 내 주요 석유·가스전이 자리잡고 있기 때문이다. 따라서 구체적인 투자 대상으로 BAM 철도의 단선·비전철화 구간의 복선화·전철화 계획과 기관차의 증차 및 수리기지 설립이 추진되고 있다. 사실 BAM 철도는 매우 복잡한 지리적 여건 관계상 바이칼스키, 세베로·무이스키, 코다르스키 터널 등을 관통하지 못하고 우회노선을 건설하였다. 특히 브랴찌야 공화국 북부에 위치한 세베로·무이스키 산맥 주변에는 잠정적으로 만든 우회노선이 사용되어 왔는데, 총연장 15,343m의 세베로·무이스키 터널이 1976년 공사에 착수하여 무려 25년이 걸린 뒤에 2003년 12월 개통되어 러시아는 태평양으로 나가는 새로운 철로를 얻게 되었다. 이제는 BAM 철도가 극동지역은 물론 러시아 전체의 경제적 잠재력을 극대화시키고 발전시키는 강력한 요인이 된 것이다. BAM 철도를 건설한 이유가 단지 역내 풍부한 천연자원을 수송하는 것은 물론 아태지역 국가의 컨테이너 통과운송을 통해 국가경제를 부흥시키려고 했으므로, 향후 더욱 적극적인 유럽-아시아 간 대륙연결 운송로의 역할을 담당할 것으로 전망된다.

2) 도로

풍부한 자원을 보유하고 있는 극동·자바이칼 지역은 러시아의 경제발전 및 아태지역 국가들과의 상호관계에 중요한 영향을 미치고 있는 관계로, 러시아의 자원을 개발하기 위해서 효율적인 교통체계를 구축해야 한다. 즉 극동·자바이칼 지역은 낙후된 도로 인프라와 더불어 부족한 운송능력은 러시아의 사회 및 경제 발전에 걸림돌이 되고 있다. 예를 들어 도로의 마모 수준은 심각한 상태이며 국제운송로와 연계된 도로 인프라도 크게 부족하거나 낙후되어 있는 실정이다. 전반적으로 도로망의 발전이 잘 되어있지 않고, 그 중에도 기간공용도로망과 북방지역을 연계하는 교통체계가 취약한 관계로 거주지들을 상시 연결하는 교통망이 부족하다. 러시아 극동지역의 간선연방도로망의 총연장은 6,887km인데, 이 도로망은 범유럽 운송로 II(파리-베를린-모스크바-블라디보스토크)로 불리는 대륙간운송로의 지역 도로망으로 시베리아, 연해주, 야쿠치야, 마가단, 중국 등과 연계되어 있기도 하다. 이 지역 주요 도로망은 '아무르' 고속도로(치타-하바롭스크, 2,097km), '우수리' 고속도로(하바롭스크-블라디보스토크, 756km)가 있고, 하바롭스크 동쪽으로는 하바롭스크-리도가(160km)-바니노(346km)도로와 하바롭스크-콤소몰스크-나-아무레(350km) 도로가 있다. 사하공화국 쪽으로는 '레나'도로 (볼쇼이 네베르-야쿠츠크, 1,157km), 야쿠치야에서 동쪽으로는 '콜마'도로 (야쿠츠크-마가단, 2,044km)가 개설되어 있다. 서쪽으로는 야쿠치야를 북방지역의 우다치니와 레나강의 렌스크까지 연결하면서 미르니이의 다이아몬드생산중심지를 통과하게 된다. 그리고 '보스토크' 고속도로(하바롭스크-나호트카, 824km)가 건설되고 있다. 이 도로들이 일단 극동·자바이칼지역의 간선도로인데, 사하공화국의 북방지역의 도로들이 잘 포장되어 있지 않은 상태이고, 남쪽의 '아무르' 고속도로와 리도가-바니노 도로의 일부 구간도 비포장인 상태이다.

러시아 극동지역의 포장도로 총연장은 2004년 말 기준 43,420km로서 러시아 전체의 5.9%이다. 그리고 포장도로 중 아스팔트나 콘크리트 포장도로의 비율을 보면 극동지역의 비율이 30.1%로 러시아 전체의 68.5% 수준의 절반에도 미치지 못하고 있다.

극동·자바이칼 지역에서 전체의 총화물운송 중 약 30%를 차지하는 운송수단이 도로화물운송이지만, 철도가 없는 역내 동북지역에서의 도로운송은 다른 운송과 비교하여 가장 많은 화물운송을 담당하고 있다. 즉 캄차트카 주에서는 화물운송의 약 85%를 도로운송이 감당하고 있고 마가단 주와 추코트카주에서는 약 70%, 야쿠치야에서는 약 40%의 화물운송을 도로운송이 담당하고 있는 실정이다. 극동지역의 도로화물운송을 보면 2001년 54억 6,900만 톤·km를 최저점으로 점차 증가하고 있다. 사하(야쿠치야)공화국은 2004년 기준으로 러시아 극동지역의 도로화물운송 전체의 약 45%를 차지하였고 연해주

19.2%, 하바롭스크 주 14.6%, 아무르 주 7.2%로 그 뒤를 잇고 있다.

그러나 아직 러시아 극동 전 지역을 포괄하며 러시아 중앙과 연계된 기간도로망이 구축되지 않았다. 더불어 극동 지역 북방에 위치한 연방들과 중앙의 연방주체들 간의 도로 연결도 미비한 상태이다.

〈표4-14〉 러시아의 도로지표(2004년 말 기준)

구 분	포장도로 총연장 (km)	포장공용도로 총연장 (km)	포장도로 밀도 (km/1,000㎢)	포장공용도로 중 아스팔트 · 콘크리트 포장도로 비중 (%)
러시아연방	737,588	546,353	32.0	68.5
극동지역	43,420	33,536	5.4	30.1
사하(야쿠치야) 공화국	9,913	7,528	2.4	8.3
연해주	8,806	7,090	43.0	49.9
하바롭스크 주	8,101	4,994	6.3	39.9
아무르 주	9,162	7,263	20.0	29.2
캄차트카 주	1,570	1,425	3.0	20.8
마가단 주	2,400	2,212	4.8	14.5
사할린 주	1,175	892	10.2	60.2
유대인자치주	1,682	1,542	43.0	42.3
추코트카자치구	610	591	0.8	1.0

자료 : Росстат, *Транспорт в России 2005: Стат. сб.*, Москва: Росстат, 2005, pp. 77-87.

극동지역의 연방도로 중 연중 통행이 되지 않거나 통행이 전혀 없는 구간이 3%에 이르는 216.1km이고, 설계기준에 따라서 건설해야 할 구간이 12.68%인 871.4km에 이른다. 개량을 필요로 하는 구간도 29.67%인 2,038.6km이며 '아무르' 고속도로(치타-하바롭스크) 건설의 2단계 사업을 완료해야 할 연방도로 구간이 1,543km(22.46%)에 이른다. 러시아 정부에서는 이와 같은 도로 건설 및 개량을 위한 자금의 유치를 위해 정부·민간 파트너십(PPP)을 통한 재원 조달을 계획하고 있다.

〈표4-15〉 도로화물운송실적

단위 : 백만 톤·km

구 분	1995	2000	2001	2002	2003	2004
러시아연방	156,483	152,735	159,852	167,238	173,146	182,141
극동지역	11,186	5,725	5,469	5,811	6,402	6,747
사하(야쿠치야)공화국	5,554	2,232	2,259	2,785	2,556	3,033
연해주	1,698	951	1,000	934	1,345	1,297
하바롭스크 주	1,186	827	971	853	1,009	987
아무르	1,016	518	425	535	699	487
캄차트카 주	100	97	88	85	118	161
마가단 주	694	578	292	263	165	201
사할린 주	752	401	331	206	270	302
유대인자치주	109	91	71	67	133	124
추코트카자치구	77	30	32	83	108	154

자료: Росстат, *Транспорт в России 2005: Стат. сб.*, Москва: Росстат, 2005, pp. 103-104.

'아무르' 고속도로, '우수리'고속도로, '보스토크'고속도로가 극동·자바이칼지역의 연방도로 네트워크 확장 계획에서 가장 중요하다. 그 가운데에서도 치타-하바롭스크 구간의 고속도로 건설은 매우 중요한데, 이 도로가 완공되면 총연장 11,000km에 달하는 모스크바-블라디보스토크 간 단일한 기간도로망을 완성하는 것이며, 나아가서 향후에 TSR과 더불어 동북아지역 국가들과의 연계발전에 아주 중요한 역할을 담당할 것이다. 즉 이 도로가 완성될 경우에는 시베리아·극동지역의 풍부한 자원을 항만이나 철도를 통해 수출할 수 있는 길이 도로운송을 통하여 더욱 활발해지면서, 카자흐스탄, 중국, 몽골, 한국 등 접경국가들과의 도로망을 통한 연계가 더욱 진전될 것이다. 더불어 러시아는 바니노와 나호트카 항만으로의 접근성을 개선하기 위한 계획 아래, 야쿠츠크-미르니이-우스찌-쿠트, 콤소몰스크-나-아무레-니꼴라에프-나-아무레, 빌리비노-콤소몰스키-아나디리, 라즈돌리니에-핫산, 유즈노-사할린스크-노글리키 구간의 도로를 확충하려고 한다. 또 모스크바-첼랴빈스크에 이르는 '우랄'고속도로가 2012년까지 확충될 예정이며, '우수리' 고속도로(하바롭스크-블라디보스토크)개선 사업, 파그라니츠니(중국 접경지역)-우수리스크-블라디보스토크 구간, 자루비노, 슬랴뱐카, 페레보즈나야, 포시에트 항만 접근로와 더불어 라즈돌리노에-핫산 구간의 도로확충 사업도 추진하려고 한다. 러시아와 중국 접경지역에는 도로통과지점이 14개 있는데, 그 중에서 연해주의 파그라니츠니이와 폴타브카, 자바이칼지역의 자바이칼스크-만주리간 통과지점 가장 규모가 크다.

또한 러시아 교통부는 통과 물류를 위한 국제수송로의 발전 잠재력을 제고하는 차원에서 복합운송물류센타 네트워크를 구축하려는 계획을 추진하고 있다. 즉 동-서, 남-북 국제수송로 노선 상에 하바롭스크, 블라디보스토크, 그리고 항만과 공항을 포함하여 러시아 극동에 위치한 대도시와 교통축에 17개의 도로 및 복합터미널과 물류센타 건설을 계획하고 있다. 또 아시안 하이웨이(Asian Highway) 네트워크에 포함된 시베리아·극동지역의 도로망 개선 사업은 아태지역 국가들의 사회경제적 발전을 촉진시킬 국제 교통인프라 개선과도 연계되어 있다. 더불어 이 도로 네트워크 구축은 러시아 극동 지역의 풍부한 자원에 대한 접근을 용이하게 함은 물론 러시아와 아태지역 국가들의 동반자적 경제협력을 이끌어 올 것으로 기대된다.

제16장 물류모드별 시사점 및 종합 시사점

1. 극동러시아 해운

1) 극동러시아 해상운송망 확대

중국이 북한 두만강 유역의 나진항의 50년 동안 개발·사용권을 갖는 공동개발 프로젝트에 본격 착수한 사실은 주목할 만한 사실이다. 북·중 합자회사인 나선국제물류합영회사는 나진항 개발을 위하여 나선시 원정리에서 나진항까지의 고속도로 건설을 위하여 시공설계 작업을 완료하였다. 이 공동개발 프로젝트에 중국과 북한은 각각 약 357억원씩 투자하기고 하였는데, 중국은 현금과 기계설비 및 건축재료를 투자하고, 북한은 개발권과 5㎢의 토지사용권을 합자회사에 이양하기로 하였다. 이 공동개발 프로젝트의 세부 내용으로는 67㎞에 이르는 원정~나진항 간 고속도로 건설, 나선시내 5㎢ 부지 종합개발 및 보세가공구역과 공단 건설 그리고 나진항의 기존 3호 부두 개조 및 4·5·6호 부두건설과 연간 100만 톤 규모의 중개무역 추진, 원정~나진 간 고속도로변 종합서비스 시설 건설과 경영 등이다. 중국이 이 사업을 추진하는 의도는, 나진항을 이용하여 동해를 통한 해상물자 운송을 원활하게 하고자 함에 있다.

러시아도 나진항과의 연계 운송로를 구축하는 것에 관심이 큰 것으로 알려져 있다. 반면에 현재 상황 하에서는 한국의 경우 지리적으로 나진항과는 거리가 멀어서 직접 교류는 원활하지 않아 보인다. 그렇지만 인근의 항만 개발을 통한 남북경협 방안이 제시되고 있고 이미 나진항에 대한 개발이 일부 진척되고 있어서 앞으로 관심을 두고 개발에 관련한 교류를 확대해 나가야 할 것이다. 즉 러시아와 중국, 북한을 한국과 연계하는 해운서비스를 통하여 남북한 경제협력 및 교류를 확대하고, 더불어 러시아 시장 진출의 교두보를 구축해야 할 것이다.

2) TKR/TSR의 연계

TKR과 TSR이 연계되면 해상운송에 적지 않은 변화가 올 것으로 예상된다. 그러나 유럽 국가들의 경우 TSR를 한반도에 연결하기보다는 중국해안과 연결하는 데 관심이 높은 것이 사실이며, 러시아는 인도와 철도 연결을 우선 추진하고 있는 실정이다. 그러나 TKR와 TSR가 연결되면 남북협력의 틀이 마련되는 것이며 그에 따른 경제적 이득도 상당하다고 할 것이다. TSR 시발점인 보스토치니 항의 물동량 처리능력이 포화상태에 이르렀다고 보면, 북한의 나진항을 국제물류중심으로 육성하려는 계획이 추진력을 얻게 된다. 더불어 한국의 경우도 운송비 절감과 더불어 물동량을 확보할 수 있으므로 경제 활성화에 큰 도움이 될 것이다. 이렇게 되면 대륙 철도와의 연결이 남북한의 경제협력을 가속화시키고 보다 넓은 차원에서 동북아경제협력을 더욱 확대시켜 나갈 것이다. 특별히 시베리아의 풍부한 자원과 에너지 수송로를 확보하게 되는 것이며, 보다 실질적으로 자원 개발에의 참여 가능성을 높이게 된다. 결국 이 사업은 해상운송에도 많은 영향을 가져올 것이며 크게 보면 극동지역의 다양한 해상수요를 창출해 나갈 것으로 예측된다.

물론 TSR의 효율성을 단순히 물류 측면에서 해상운송과 비교하는 것은 합리적이지 않다. 즉 TSR의 발전과 연계 확대에 따라 기간항로의 변화와 극동 역내항로에 변화를 가져올 수 있기 때문이다. 무엇보다 TSR을 축으로 한 물류 네트워크의 발전은 물류서비스의 니즈가 다양화하고 있음을 보여준다. 그러므로 TSR은 대륙 육상물류로서 자체 경쟁력을 있지만 운영 및 관리에 있어서 비효율적인 면이 적지 않으므로 활용 방안을 합리적으로 분석해 보아야 한다. 그러나 한반도 통일 이전에도 물류시설 개발 및 이용 등과 관련해 남북한 교류 사업 추진 차원에서 계획하여야 할 충분한 가치가 있다고 보여진다.

3) 해륙 복합운송네트워크

러시아의 경우에는 물류업체들이 제공하는 물류서비스의 질이 높지 않아서, 앞으로 산업이 발전해 감에 따라 물류서비스에 대한 요구가 한층 더 증가할 것이다. 그러므로 TSR과 TKR의 연계와는 별도로 TSR 수요와 함께 해운서비스에 대한 수요도 증가할 것이다. 물론 TSR과 TKR이 연계되면 그에 따른 해운서비스에 대한 새로운 요구가 크게 등장하게 될 것이고, 극동지역의 물류 네트워크에 커다란 변화가 일어날 것이다. 이러한 변화를 예상하면서 TSR과의 연계 사업을 추진하여 나가야 한다.

2. 극동러시아 항만

1) 극동러시아 항만 활성화

러시아 정부는 유럽과 아시아를 연결하는 수송망의 구축을 도모하고 있으므로 극동러시아 지역의 항만이 활성화될 가능성이 크다. 세부적으로 러시아 정부는 보스토치니, 나호드카항의 컨테이너 터미널 개발사업을 계획하고 있으며 TSR과의 연계성을 확보하기 위하여 배후 수송망 및 간선개발사업등을 추진하고 있다. 따라서 러시아 정부의 적극적인 극동지역 항만개발 정책이 앞으로 이 지역 항만의 지속적인 성장과 활성화를 촉진시킬 것으로 전망된다.

2) 한국과의 교역

무역진흥공사(KOTRA)는 유가 고공행진 등으로 극동러시아 지역의 높은 경제 성장이 기대된다고 예측하면서, 특히 자동차 부품 등을 비롯하여 10대 수출유망 품목을 중심으로 적극적인 시장공략을 주문하고 나섰다. 그 10대 유망품목으로는 자동차 부품, IT제품, 플라스틱 생산용 합성수지, 옥외 광고용 재료, 의료장비, 중고 건설장비 및 부품, 건물 벽 마감재(페인트류), 중고버스 및 미니밴, 생화, 과일 등을 제시하고 있다. 무역진흥공사에 따르면 극동러시아가 수산물의 공급지라는 점 외에는 별 다른 관심을 불러일으키지는 못했으나 근래에는 몇 가지 요인이 두드러지게 나타나고 있는 것으로 나타났다. 무엇보다 통관에 따른 단속의 강화로 러시아에 대한 수출물동량의 대부분이 극동러시아 항구를 통과하여 이동함으로서 러시아 진출의 교두보로 다시 부상하게 되었다는 점이다. 더불어 항구와의 연결에 절대 필요한 운송 수단이었던 TSR(시베리아 횡단철도)의 여러 가지 문제점도 크게 개선되어 가고 있다. 무엇보다 에너지 확보 경쟁이 치열해 짐에 따라 에너지를 비롯한 각종 자원이 풍부하게 매장되어 있는 미래의 에너지 생산지가 극동러시아 지역이라는 점이다. 무역진흥공사의 견해에 따르면 그동안 사할린 주의 에너지 개발 프로젝트 등에 참여하지 못했던 한국으로서는 이 지역에 대한 집중적인 관심이 필요한 것으로 나타났다. 그리고 러시아 경제 전체가 급격히 성장함으로써 모스크바 중심의 서부 러시아지역에 비해 낙후되어 있던 극동러시아지역도 주목을 받고 있다. 그러므로 각종 건축자재, 건설 중장비, 식품류, 전자제품, 화학제품과 기타 각종 소비제품을 비롯한 전 제품에 걸쳐 수요가 크게 증가할 것에 대비하여, 물류 수송로의 개발에 주목하면서 수출 증대 방안을 효율적, 합리적으로 찾아나가면서 주변 국가들과의 동반자적 발전 방안을 모색해야 할 것이다.

3. 극동러시아 내륙물류의 시사점

아·태지역 및 동북아 지역과 지리적으로 근접해 있는 러시아의 극동·자바이칼 지역은 역내 국가들과 상호 긴밀한 경제협력관계를 구축할 수 있다. 더불어 블라디보스토크항 등 태평양으로 나가는 관문 역할을 하는 주요 항만들과 중국, 북한, 몽골 등으로 연결되는 철도노선을 갖고 있어 아·태지역과 유럽 간 통과화물 운송에 있어서도 장점을 지니고 있다. 유럽과 아시아를 연결하는 아시아횡단철도(Trans-Asian Railway: TAR) 및 아시아 하이웨이(Asian Highway) 구축에 러시아가 참여하여 러시아의 국제운송로를 활성화함과 동시에 새로운 유망한 국제운송로를 개발하고자 한다. 따라서 러시아 극동·자바이칼 지역의 교통체계를 현대화하는 것은 동북아의 교통협력을 더욱 촉진시킬 것이다. 그 동안 운송기반시설의 부족, 특히 항만에 비해 매우 낙후된 내륙운송망은 동북아의 국제운송로 구축에서 가장 커다란 장애요인이었으나, 향후 개선 계획에 따라 국가간의 접경지역을 통한 경제협력이 활성화가 기대된다. 특히 아·태지역 및 동북아 시장을 겨냥한 원자재 수출업체들은 항만개발 등을 통해 직접 물류개선에 참여하려는 노력이 러시아의 극동·자바이칼 지역에 나타나고 있다. 바람직한 것은 동북아에서 경제협력이 확대됨에 따라 민간부문에서 역내 교통물류서비스의 질 향상을 위하여 참여 비중을 높여가리라는 것이다. 또한 국가간 상호 교통투자를 확대하면서 통합교통망을 구축하는 조치들이 산업자본의 이해관계에 따라 계속될 것으로 보인다. 그러므로 한국은 대러시아 투자 진출을 함에 있어서, 가장 전도유망한 투자시장으로 교통인프라 개발사업임을 인식하고, 극동·자바이칼 지역의 철도, 도로, 공항, 항만 등 교통인프라 개발계획을 검토하고 투자를 통한 진출을 적극 추진해야 할 것이다.

향후 러시아 극동·자바이칼 지역의 발전에 있어서 교통체계의 역할은 보다 강화될 것으로 보인다. 그러나 지금까지는 주로 한·중·일 3국 관계를 중심으로 동북아 교통물류 부문의 협력에 대한 논의가 진행되어 왔다. 분명한 것은 러시아를 동북아 교통물류시장의 중요한 파트너로 인식해야 할 것이며, 향후 러시아와 북한의 이해관계를 포괄할 때에만이 물류의 균형적이고 보다 효율적이 발전을 이루어 낼 것이다. 더불어 동북아의 에너지협력이 매우 중요한 시점에 와 있으므로 러시아 에너지 제품 물류가 역내 물류의 핵심이라는 점에 주목해야 한다. 즉 에너지물류와 일반물류를 하나의 통합적 구조에서 계획함으로써, 에너지 및 교통에 관한 논의를 안정적이고 합목적적인 차원에서 진행시켜나가야 할 것이다.

제5편 인도의 물류서비스

제17장 인도의 대내외 경제현황

1. 인도의 경제성장

인도의 GDP 규모는 2005년 기준 7,855억 달러이며, 한국 다음으로 세계 12위(전 세계 GDP의 1.8%)를 차지하였다. 그렇지만 구매력평가지수(PPP: Purchasing Power Parity)로 환산한 경제규모는 3조 8,155억 달러로 미국, 중국, 일본에 이어 세계 4위로서 전 세계 PPP의 6.3% 차지를 차지하였다. 인도가 제2의 중국으로 불리는 이유는 인구 및 영토규모, 급속한 경제성장률 등이 중국과 비슷하기 때문이지만, 중국보다 10년 정도 늦은 1991년에 시장 개방을 한 관계로 경제규모 차이는 꽤 크다. 2005년 기준으로 볼 때, 중국의 GDP 규모는 인도의 3배, 1인당 GDP 규모는 2배 정도가 된다. 그렇지만 인도의 안정적 고도 경제성장에 따라 중국과 인도의 GDP 및 1인당 GDP 규모 격차는 2040년경부터 점차 줄어들 것으로 전망된다.

〈표5-1〉 세계에서 인도경제력의 위치

구분	PPP		GDP	
	비중(%)	순위	비중(%)	순위
미국	20.3	1	28.1	1
중국	14.1	2	5.0	4
일본	6.5	3	10.2	2
인도	6.3	4	1.8	12
한국	1.7	13	1.8	11

주 : PPP(Purchasing Power Parity), GDP에 대한 비중 및 순위는 2005년 기준으로 전 세계에서 차지하는 비중 및 순위를 나타냄.
자료 : World Bank, *World Development Indicators Database*, 1 July 2006.

〈표5-2〉 중국과 인도의 GDP격차

	GDP(십억 달러)			1인당 GDP(달러)		
	인도	중국	격차	인도	중국	격차
1980년	142	252	1.8배	240	290	1.2배
2003년	599	1,410	2.4배	530	1,100	2.1배
2005년	731	1955	2.7배	664	1,485	2.2배
2010년	929	2,998	3.2배	804	2,233	2.8배
2020년	2,104	7,070	3.4배	1,622	4,965	3.1배
2030년	4,395	14,312	3.3배	3,473	9,809	2.8배
2040년	12,367	26,439	2.1배	8,124	18,209	2.2배
2050년	27,803	44,453	1.6배	17,366	31,357	1.8배

주 : 중국과 인도의 GDP 격차는 '중국/인도'로 계산함.
자료 : 臼居 一英, "注目されインドーその位置づけー", 「開發金融研究所報」, 2005年 3月 第23号.
World Bank, *Country-Specific Data*, 각 년도.
Goldman Sachs, *Dreaming with BRICs : The Path to 2050*, Global Economics Paper, No. 99, 2003.

인도 정부에 따르면, 10차 5개년 계획기간(2002~2007년)의 GDP 연평균 성장률 목표치를 9차 5개년 계획기간(1997~2002년)의 5.4%보다 높은 7.9%로 설정한 바 있는데, 지속적인 개혁과 개방정책에 따라 이 목표는 무난히 달성될 것으로 보인다. 더구나 2005/06년 4/4분기(2006년 1~3월) GDP 성장률은 9.3%로 2005/06년 연평균증가율 8.4%보다 높은 성장률을 달성하였다. 외환보유고는 2003/04년 1,075억 달러에서 2005/06년 1,338억 달러로 증가하였으며, 통화가치도 상승함으로써 경제의 안정적 발전을 시사해 주고 있다.

〈표5-3〉 인도의 주요 경제지표[1)]

구분	단위	2003/04	2004/05	2005/06
경상GDP[2)]	천만 루피	2,543,396	2,843,897	3,209,397
	성장률(%)	12.8	11.8	12.9
실질 GDP[3)]	천만 루피	2,226,041	2,393,671	2,595,339
	성장률(%)	8.4	7.5	8.4
1인당 경상GDP	루피	23,704	26,091	28,992
	성장률(%)	6.4	12.6	12.8
인구[4)]	천만명	107	109	111
	증가율(%)	2.6	1.6	1.6
소비자물가지수[5)]		504	525	550
	상승률(%)	3.5	4.2	5.6
외환보유고[6)]	천만 달러	10,745	13,557	13,377
환율	루피/달러	45.95	44.93	44.25

주 : 1) 인도의 회계연도는 4월 1일부터 다음해 3월 31일이고, 주요지표는 회계연도 기준임.
2) 경상GDP는 factor cost 기준임.
3) 실질 GDP는 factor cost 기준이고, 기준년도는 1999/2000년임.

4) 2003/04년 인구성장률은 KIEP 보고서의 101명(2002/03년)을 기준으로 한 성장률임.
5) 소비자물가지수(Consumer price index for industrial workers)는 1982년 회계연도 말이 기준년도 (1982년의 소비자물가지수=100)인데, 단 2005/06년의 수치는 2005년 12월 값임.
6) 외환보유고는 회계연도 말에 작성된 것인데, 단 2005/06년의 수치는 2006년 1월 값임.

자료 : Government of India, CSO(Central Statistical Organization), Ministry of Statistics and Programme Implementation, *Press Information Bureau*, 31st May, 2006.
Government of India, Ministry of Finance, *Economic Survey*, 2005-2006.
유민우, 「KIEP Country Profile: 인도」, 2005. 6. 15.

이미 인도 경제는 고도 성장기에 진입하였다는 지표도 발표되고 있어서, 향후 중국의 경제 성장세를 추월할 것으로 예상하기도 하는데, 2015년을 기점으로 인도의 경제성장률이 중국을 추월할 것으로 전망되기도 한다.

〈표5-4〉 중국과 인도의 거시경제 전망

구분	단위	2006		2007	
		인도	중국	인도	중국
실질 GDP증가율	%	7.2	9.4	6.8	8.8
소비자물가상승률	%	4.7	2.4	4.7	2.4
경상수지	GDP대비 %	-1.8	2.0	-1.9	2.0
환율(연평균)	루피/달러, 元/달러	45.80	7.99	47.51	7.70

자료 : Global Insight, *India-Interim Annual Forecast*, 13-June-06.
Global Insight, *China-Current Situation : Highlights*, 9-March-06.

〈그림5-1〉 인도와 중국의 경제성장률 전망(5년 평균)

단위: %

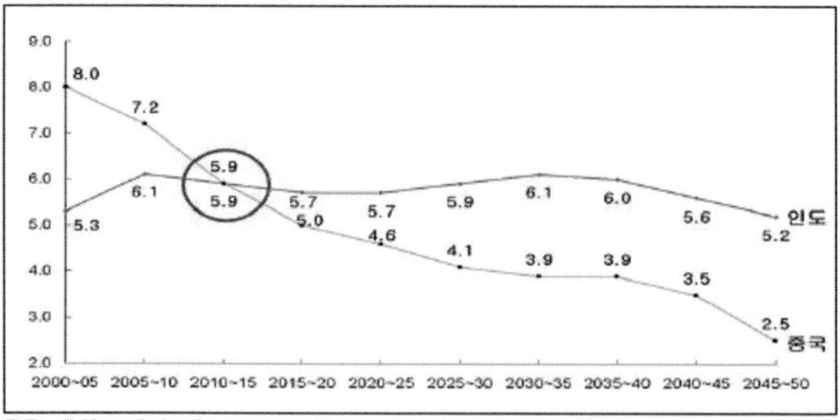

자료 : Goldman Sachs, *Dreaming with BRICs : The Path to 2050*, Global Economics Paper, No. 99, 2003.

2. 인도의 서비스 산업

인도 서비스 산업 중심의 산업구조를 가지고 있는 관계로 건설, 무역, 호텔, 교통, 통신 등의 서비스 부문이 전체 GDP의 50% 정도를 차지하고 있다. 다른 경제 성장 국가들과 같이 농수산업이 실질 GDP 총액에서 차지하는 비중은 감소추세에 있고 제조업 부문의 비중은 별로 변동이 없고, 서비스업 부문의 비중은 크게 늘어나고 있다. 일반적으로 보면 경제가 발전하면서 국가의 산업구조 농수산업의 GDP 비중이 감소하고 제조업의 GDP 비중이 급상승한 후에 경제가 안정화되고 나면 3차 산업인 서비스업이 발전하는 추세를 따른다. 그렇지만 인도의 산업구조는 제조업을 기반으로 하는 산업인프라가 상대적으로 취약한 관계로, 우수한 인력을 필요로 하는 소프트웨어 기반 서비스 산업 중심으로 경제가 발전하여 오고 있다.

〈표5-5〉 인도 산업구조 변화

단위 : %

구분	실질 GDP 성장률			실질 GDP에서 차지하는 비중		
	1993/94 ~2002/03	2003/04	2004/05	1993/94 ~2002/03	2003/04	2004/05
농수산 부문	2.1	9.6	1.1	26.5	21.7	20.5
산업 부문	6.6	6.5	8.3	22.1	21.6	21.9
서비스 부문	7.8	8.6	8.6	50.5	56.7	57.6

자료 : Reserve Bank of India, *Annual Report 2004-2005*, p. 11, Aug 29, 2005.

인도 경제가 8.4%의 고도 경제성장을 이루고 있는데 주도적인 역할을 하는 산업으로는 GDP 중 26.2%을 차지하는 무역과 호텔 및 교통 그리고 통신, 15.1%를 점유하는 제조업, 14.3%의 사회복지, 13.5%의 금융과 보험 및 부동산 등이다. GDP 성장률이 높은 산업으로는 2005/06년 기준으로 볼 때 건설(12.1%), 무역과 호텔 및 교통 그리고 통신(11.5%), 금융과 보험 및 부동산(9.7%), 제조업(9.0%) 순이다. 건설업의 실질 GDP 성장률이 특히 높은데 그 이유는 IT 및 관련 서비스업과 제조업 관련 산업에 집중적인 투자가 이루어지면서, 남부지역을 위주로 건설 투자가 확대되기 때문이다.

〈표5-6〉 GDP 증가를 주도하는 산업

구분		2005/06 GDP (천만 루피)	GDP 비중 (%)	전년동기 대비 GDP 성장률(%)	
				2004/05	2005/06
농수산업		516,603	19.9	0.7	3.9
산업	광업	53,090	2.0	5.8	0.9
	제조업	393,186	15.1	8.1	9.0
	전력, 가스, 수력	55,888	2.2	4.3	5.3
서비스업	건설	174,712	6.7	12.5	12.1
	무역, 호텔, 교통, 통신	680,208	26.2	10.6	11.5
	금융, 보험, 부동산	351,582	13.5	9.2	9.7
	사회복지	370,072	14.3	9.2	7.8
실질 GDP		2,595,339	100.0	7.5	8.4

자료 : CSO(Central Statistical Organization), Ministry of Statistics and Programme Implementation, 31st May, 2006.

3. 인도의 중·남부지역 경제성장

인도 GDP의 32.5%를 차지하고 있는 중・남부지역이 경제성장을 주도하고 있는데 주된 지역으로는 마하라슈트라(Maharashtra) 주(뭄바이 항만 위치), 안드라프라데시(Andhra Pradesh) 주(2004~05년 처리 실적이 1위인 비사카프트남(Visakhapatnam) 항만 위치), 타밀나두(Tamil Nadu) 주(첸나이 항만 위치), 카르나타카(Karnataka) 주(몰무가우(Mormugao) 및 뉴망갈로(New Mangalore) 항만 위치) 등이다. 수도 뉴델리가 위치한 델리(Delhi) 특별구는 1인당 GDP 수준이 가장 높으며,뉴델리와 가까운 인근의 마하라슈트라(Maharashtra)주와 구자라트(Gujarat) 주가 그 다음으로 높은 소득을 올리고 있다.

제18장 인도의 항만 물류

1. 인도 항만 성장

2003년을 기준으로 인도의 컨테이너 처리실적은 전년대비 18.1% 증가한 391만 6,000 TEU를 기록함으로써 인도 항만이 빠르게 성장하고 있음을 보여주고 있다. 인도가 세계 항만 컨테이너 실적의 1.5%를 담당함으로써 비록 그 비중이 작다고 하더라도, 2000년 이후에는 매년 0.2~0.3%씩 증가하고 있다. 자와하랄네루항(Jawaharlal Nehru Port Trust:: JNPT)과 첸나이(Chennai)항이 인도 항만의 성장을 주도하고 있는데, 인도의 최대 컨테이너항만인 자와하랄네루항은 2003년에 전년대비 14.9%증가한 226만 8,989TEU를 처리하여 처리실적 기준으로는 세계 30위를 차지하게 되었다. 자와하랄네루항은 뭄바이항(Mumbai)의 위성항만(satellite port)으로 개발되었지만 1997년에 뭄바이항을 제치고 인도 최대 컨테이너항만으로 부상한 것이다. 나아가서 2002년에 이르러서는 스리랑카의 콜롬보항을 제치고 서남아 지역의 최대 항만으로 부상하게 되었다. 더구나 이러한 자와하랄네루항의 급성장은 추진 중인 3단계와 4단계 컨테이너 터미널 개발사업이 완료될 때 더욱 가속화 될 것으로 전망된다.

〈그림5-2〉 인도 항만의 컨테이너 물동량 추이

단위 : 천 TEU

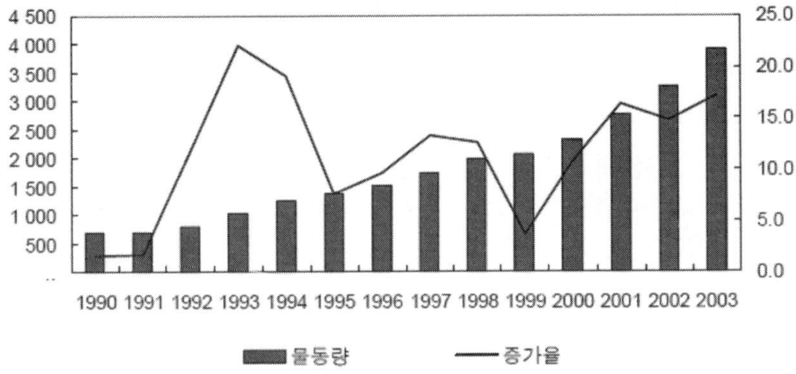

자료 : *Containerisation International Yearbook*, 2005를 근거로 작성

첸나이항(Chennai)은 인도 제2의 항만으로서 2003년에 53만 9,265TEU를 처리함으로써, 전년대비 21.6% 증가하였으며 세계 110위를 기록하게 되었다. 그리고 투치코린항(Tuticorin)은 25만 3,880TEU를 처리하여 전년대비 16.1% 증가하였고, 콜카타항(Kolkata)은 23만 3,695TEU를 처리하여 전년대비 7% 증가하였다. 또한 뭄바이항(Mumbai)은 19만 6,500TEU, 칸들라항(Kandla)은 17만 TEU, 그리고 코친항(Cochin)은 16만 9,965TEU를 처리하는 수준에 이르렀다.

인도 경제 성장에 따른 항만 물동량 증가와 발전 잠재력을 긍정적으로 평가하고 있는 글로벌 터미널운영업체들은 인도 항만에 진출하기 위한 기회를 찾고 있다. 인도정부가 항만건설 재원확보 및 터미널 운영노하우 습득을 목적으로 항만민영화를 추진함에 따라, 글로벌 터미널운영업체들의 인도 진출이 더욱 확대되고 있는 실정이다. 인도 항만에 진출한 글로벌 터미널업체는 P&O Ports, PSA, APM Terminals, Dubai Port Authority 등이 있으며, 근래에 홍콩의 허치슨포트홀딩스(Hutchison Port Holdings), 미국의 SSA(Stevedoring Service ofAmerica), DPI는 물론 Maersk, CMA-CGM 등 글로벌 선사들까지 가세한 배경에는 인도정부의 적극적인 외국인투자 유치정책에 기인한 것이며, 따라서 인도 항만은 글로벌 터미널운영업체들과 선사들의 진출 선호 항만이 되고 있다.

〈그림5-3〉 인도 6대 컨테이너 터미널의 처리실적 추이

단위 : 천 TEU

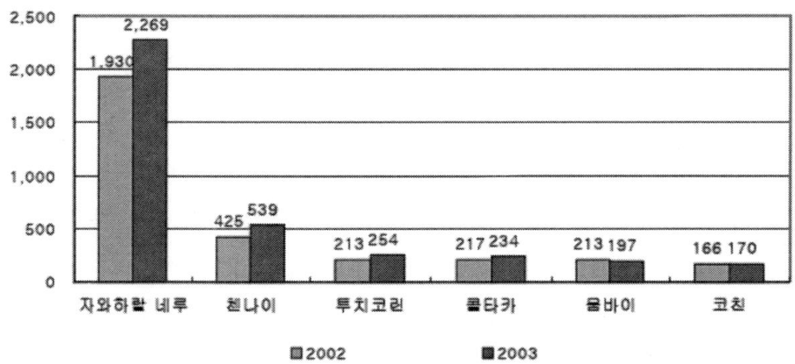

자료 : *Containerisation International Yearbook*, 2005를 근거로 작성.

인도 항만들은 하드웨어 측면에서 신규 항만건설, 장비현대화 및 대형선박의 접안을 위한 준설 공사들을 진행하고 있는데 그것은 글로벌 터미널운영업체들의 진출을 촉진시키기 위한 것이다. 더불어 소프트웨어 측면을 강화함으로써 터미널의 생산성을 향상시키고 선박의 체항 시간 단축시키는 등 터미널

의 전반적 효율성을 증가시키기 위한 방안을 추진하고 있다.

〈표5-7〉 인도 항만에 진출한 글로벌 터미널운영업체 현황

업체	진출항만	비고
P&O Ports	자와하랄네루항, 코친항, 첸나이항, 칸들라항, 문드라항	첸나이항에서 자와하랄네루항으로 중심 이동
PSA	투티코린, 피파바브(Pipavav)	Pipavav항은 지분에만 참여
APM Terminals	피파바브(Pipavav), 자와하랄네루항	APM Terminals는 인도 국영철도회사 자회사인 Concor와 공동투자를 통해자와하랄네루항 터미널 개발사업을 진행하고 있음
DPI	비사카파트남(Visakhapatnam)	지분참여

자료 : Drewry, *Global Container Terminals*, 2003. 10을 참조하여 재작성

인도의 12개 주요 항만은 중앙정부 산하의 개별 항만신탁공사(Port Trust)의 책임 하에 개발·관리되고 있으며, 중소형 항만은 주정부가 관리운영권을 가지고 있는데, 인도는 전체적으로 6천km에 달하는 긴 해안선에 12개의 주요 항만과 148개에 달하는 중소형 항만들을 가지고 있다. JNPT가 국제규격을 갖춘 컨테이너항만으로서 최신 하역설비를 보유하고 있지만, 그 외의 항만들은 갠트리 크레인 등 컨테이너 하역설비가 부족한 실정이고 수심도 얕아서 대형선의 입항이 어려운 관계로 처리물량이 많지 않다. 더구나 컨테이너 적양하에 4~10일이 소요되는 등 터미널운영 시스템도 현대화되어 있지 못하다.

콜롬보, 싱가포르, 살라라(Salalah) 등 인접국 중심항만을 통해 환적되는 실정에서 인도화물의 화주들이 비용과 운송시간 면에서 불리한 위치에 놓여있었다. 따라서 서안의 JNPT와 동안의 첸나이를 각각 지역중심항만으로 육성하는 계획을 인도

정부는 수립하였다. 그리고 2000년 「주요항만신탁법(Major Port Trusts Act)」을 개정하여 항만민영화를 추진하고, 합작투자의 가이드라인을 마련하면서 항만의 경쟁력 강화에 노력을 기울이고 있다.

인도에는 동쪽해안에 콜카타(Kolkata), 파라디프(Paradip), 비사카파트남(Visakhapatnam),엔노오(Ennore), 첸나이(Chennai), 투티코린(Tuticorin) 등 6개 주요 항이 위치해 있고, 서해안에는 칸들라(Kandla), 뭄바이(Mumbai), 자와하랄네루(Jawaharlal Nehru Port Trust), 모르무가오(Mormugao), 뉴망갈로어(New Mangalore), 코친(Cochin) 등 6개 주요 항이 있다.

2. 인도의 항만 개발

인도 정부는 서안의 자와하랄네루항과 동안의 첸나이항을 인접 국가들의 환적화물항으로 육성하려는 계획을 추진하고 있다. 두 개의 컨테이너 터미널로 운영되고 있는 자와하랄네루항은 P&O Ports사가 운영하고 있는 NSICT와 인도정부가 운영하고 있는 자와하랄네루 컨테이너터미널(Jawaharlal Nehru Port Container Terminal: JNPCT)을 보유하고 있다. 인도 최초의 항만민영화 사례인 나바쉐바 국제 컨테이너터미널(NSICT; Nhava Sheva International Container Terminal: NSICT)은 1997년 BOT방식으로 30년 양허계약을 체결하면서 2000년부터 운영되기 시작하였다. NSICT는 2002년 120만TEU의 컨테이너를 처리하였으며 인도정부가 운영하는 JNPCT는 76만TEU를 처리하였다.

늘어나는 물동량에 대비하기 위해 컨테이너 터미널 시설확장을 추진 중인 자와하랄네루항은 기존에 사용하지 않고 있던 벌크터미널을 약 1억 9,500만 달러를 투입하여 오는 2005-2006 회계 연도 내에 세 번째 컨테이너 터미널로 전환하려고 한다. 더불어 2008-2009년까지 네 번째 컨테이너 터미널을 건설하려고 국내외 터미널운영업체들을 대상으로 수익분담과 최소물량보장(minimum guaranteed throughput) 조건에 대하여 분석하고 있다. 특히 JNPT는 11m 수준인 현재의 수로를 대형선의 운항이 가능하도록 14m로 확장하는 준설공사를 위해 70억 루피를 투자하려고 한다. 기존 항만 철도를 두 배로 확장하는 공사를 2005년까지 완성함과 더불어 2차선 도로를 4차선으로 확장하는 배후수송망 확장에 주력하고 있다. 자와하랄네루항에서 하역된 화물의 30%는 인도 국영철도회사의 자회사인 CONCOR(Container Corporation of India)사가 운영하고 있는 철도망을 통해 전국 내륙 ICD (Inland Container Depot)로 운송되고 있으며 70% 정도가 도로운송을 통해 이루어지고 있다.

첸나이항은 1983년 인도 최초의 컨테이너 터미널로 운영을 개시하였으며, 1997년 민영화 계획에 따라 2001년에 P&O Ports사가 운영하기 시작하였다. P&O Ports사는 첸나이항의 이름을 첸나이 컨테이너 터미널(Chennai Container Terminal Ltd : CCTL)로 변경하였으며 하역장비 현대화 및 수심 확장을 통하여 선사를 적극적으로 유치하려고 하였다. 그렇지만 코친, 투티코린 등 경쟁항만들이 인근에 위치하고 있었으며 선박관련 비용도 높게 책정되어 대형선사들이 기항을 회피기에 이르렀다. 이에 따라 주요선사의 유치확대를 위하여 P&O Ports사는 첸나이항만신탁공사(Chennai Port Trust)와의 합의하에 선박관련비용의 인하를 유도하면서, 첸나이항에 정기적으로 기항하는 선사에 대하여 선박관련 요금의 인하 또는 리베이트를 제공하려고 한다. 첸나이항의 환적비용을 보면 컨테이너당 32달러로서 콜롬보항의 74달러, 싱가포르항의 120달러에 비해 저렴하다고 하겠으나 선박관련 여타 제반 비용이 이웃 경쟁항만들에 비해 높은 관계로 대형 선사유치에 큰 어려움을 겪어왔다. 한편, 인근에 위치한 현대자동차의 생산공장 확장계획에 따라 첸나이항의 자동차 수출물량이 크게 나고 있는 실정이다. 일예로 현대자동차 인도법인은 자동차 수출목표를 2002년 8,500대에서 3배나 증가한 2만 5천대로 설정함에 따라 첸나이항만당국은 3개의 석탄부두를 자동차전용터미널로 전환하게 되었다.

3. 인도의 항만 개선점

자와하랄네루항, 첸나이, 뭄바이 등 몇몇 주요 항만들을 제외하고 인도 항만은 컨테이너 처리시설이 크게 부족하고 노후화된 하역설비로 인하여 항만 서비스도 국제수준에 크게 못미치고 있다. 더구나 도로, 철도 등 배후운송망도 제대로 갖추어져 있지 않아서 신속하게 화물이 처리되지 못하고 있다. 그러므로 경제발전과 운송의 컨테이너화에 대응하기 위하여 항만 및 관련 시설의 현대화가 절대적으로 필요한 시점에 와 있다. 그렇지만 주요 항만들이 중앙정부에 의해 임명된 신탁이 사회(Boardof Trustees)에 의해 실질적으로 관리되고 있는 관계로 항만운영에 있어서 지방정부의 자율성이 크게 없는 실정이다. 일례로 항만개발 및 투자에 관하여 개별 항만들은 중앙정부의 승인을 받도록 되어 있어서 능동적, 탄력적으로 항만개발을 할 수 없는 형편이다. 다행히도 인도정부는 항만민영화 정책에 따라 외국 터미널운영업체들의 투자를 적극 유도하고 있지만, 까다로운 행정절차로 인하여 입찰자 선정과정에만 2~3년씩 소요되는 관계로 외국투자자들이 선뜻 투자에 응하고 있지 않다.

항만배치가 비효율적이고 부두시설의 관리와 유지가 제대로 이루어지지 않아서 인도 항만의 생산성도 국제적 기준에 크게 미달하는 수준이다. 그 이유는 항만시설은 물론, 낮은 수심, 신축성 있는 하역활동을 저해하는 협소한 에이프런(apron), 창고 및 화물통관시설과 내륙운송 인프라의 부족이 그 원인으로 작용하고 있다. 결과적으로 이런 낮은 항만생산성은 인도 수출입화물의 물류비 부담을 크게 하고 있는 실정이다. 따라서 비록 대부분의 항만들이 낮은 항만요율을 책정하여 재정 상태가 열악하지만, 선박의 대기시간과 하역시간을 고려할 때 인도항만들의 실질적인 항만비용 및 화물처리비용은 상당히 높은 편이다. 즉 인도 4대 주요 항만인 뭄바이, 콜카타, JNPT, 첸나이항의 총 항만비용은 방콕, 싱가포르, 콜롬보항 등 경쟁항만들보다 45~50% 더 높은 것으로 알려져 있다.

더구나 과잉 노동력과 항운노조 조직의 경직화는 인도 주요 항만들의 민영화 커다란 장애요인이 되고 있다. 예를 들어 뉴망갈로어 항의 경우에는 하역노동자들의 실제 근무일수는 13

일에 불과하지만 임금은 27일분을 받고 있는 실정이다. 인도 정부가 주요 항만들의 과도한 인력을 감축하기 위해 '자발적 퇴직제도(voluntary retirement scheme)'를 도입하였지만, 강성노조의 반발로 인하여 별 성과를 거두지 못하고 있다.

4. 인도 항만의 과제

향후 인도 항만의 물동량은 연간 7%대의 성장률을 지속하게 되어 2007년에 4억 1,500만~4억 2,800만 톤에 달하게 되며, 컨테이너 물동량은 2011년에 600만TEU를 넘어설 것으로 전망하고 있다. 그러나 인도가 인근국가들의 경우에 비해 늦게 항만개발 및 항만민영화를 추진하고 있는 관계로 어떻게 경쟁우위를 확보해 나가느냐 하는 것이 남아시아 지역서 인도 항만의 위상을 결정하게 될 것이다. 그러므로 무엇보다 항만시설의 확충 및 현대화가 추진되어야 할 것이다. 왜냐하면 인도 항만 중 2~3개의 주요 항만을 제외하고는 항만시설이 크게 부족하기 때문이다. 즉 컨테이너선이 대형화 추세에 있어서, 현대적인 하역시설 및 충분한 수심 확보가 필수적이기 때문이다. 물론 항만과 배후경제권 간의 효율적인 운송망도 구축해 나가야 할 것이다. 그리고 항만운영 및 관리에 있어서도 현대화를 이룩해야 한다. 즉 항만당국이 항만소유 및 화물처리를 비롯한 제반 항만서비스를 담당하고 있다. 그렇지만 항만서비스 활동을 민간에 이양하고 항만당국은 안전, 항해 등 전반적인 조정기능만을 담당하는 지주형항만(landlord port) 체제로 전환되어야 항만생산성이 제고될 수 있다. 따라서 인도정부는 항만관리를 위한전문 항만경영인의 확보, 항만신탁공사에 대한 정부지분 매각, 주요 항만신탁공사에 기존시설 개선과 신규시설 투자를 위한 의사결정권의 이양 및 이를 위한 금융시장에서의 직접적인 자금조달을 허용하는 계획을 추진하고 있다.

항만개발에 필요한 재원마련과 항만의 효율성 제고를 위하여 1996년부터 항만민영화를 본격적으로 추진하고 있다. 그렇지만 관료주의의 영향으로 인해 해외항만투자가들이 선뜻 나서지 않고 있어서, 항만관련 행정절차의 투명성 및 간소화가 요구되고 있다. 안정적인 노사관계의 확립도 필수적인데, 노동의 공급과잉과 항운노조 조직의 경직화로 항만민영화에 어려움이 많다. '자발적 퇴직제도'를 통한 항만노동자의 인력감축에 노력하고 있지만 큰 성과는 없고, 뭄바이항의 경우에 2001년 이 '자발적 퇴직제도'를 통하여 6,400명의 항만노동자를 정리 해고하였지만 필요인력의 10배에 해당하는 2만 3천명의 항만노동자들이 근무하고 있다. 그러므로 생산성향상에 기여한 부분에 대해서는 인센티브를 지급하는 성과급제도를 도입하여 경직된 임금체계를 개선하고, 새로운 하역기술의 도입하는 동시에 벌크화물의 컨테이너화에 대비하면서 항만노동인력의 재교육 및 재배치 등에 힘을 기울여야 할 것이다.

제19장 인도의 항공 물류

1. 인도의 항공 현황

항공 민영화와 낮아지고 있는 항공운임 등이 항공시장을 더욱 확대시키는 요인으로 작용하고 있는 인도는 항공시장 규모가 225억 달러로 추정된다. 2004년 4월부터 2005년 1월까지 승객 4,900만 명, 화물 1백만 5만 6천 톤을 운송하였는데 이는 전년 동기대비 각각 23.3%, 21.4% 높은 증가한 수치이다. 전체적으로 499개의 공항을 보유하고 있는 인도에서 인도 전역의 항공교통 통제시스템을 관리하고 있는 인도공항공사(AirportAuthority of India: AAI)가 관리·운영하는 공항들로는 11개 국제선 공항, 92개 국내선 공항, 28개 군사지역 내의 민간공항 등이 있다. 그러나 현재로는 61개 공항들을 통해서 항공기가 운행되고 있는 실정이다.

1932년 민간 항공사 JRD Tata에 의해서 처음 시작된 인도의 항공 서비스는 이후 에어인디아(Air India: AI)와 많은 항공사들이 설립됨으로써 확대되었다. 인도 정부는 항공운송산업 국영화를 추진하였는데, 그 이유는 1950년대에 인도에서 운영되고 있는 많은 항공사들이 재정적자를 겪었기 때문이다. 1953년에 항공사법(Air Corporation Act)을 제정하였으며, 국내 8개 항공사들을 합병하여 인디안항공(Indian Airline: IA)을 설립해서 국내노선 항공 서비스를 담당하는 하게 하고, 국제선 서비스는

Air India가 제공하게 하였다. 1994년에 항공시장을 개방하고 민영화함에 따라 이 항공사법을 40년만에 개정하게 되었다.

〈표5-8〉 인도 항공시장 현황

구분	2003년 4월 ~2004년 1월	2004년 4월 ~ 2005년 1월	전년대비(%)
운항수(천)			
국제선	108.36	132.21	22.0
국내선	415.90	465.41	11.9
합 계	524.26	597.62	14.0
승객수(백만 명)			
국제선	13.53	15.95	17.9
국내선	26.32	33.13	25.9
합 계	39.85	49.08	23.2
화물(천 톤)			
국제선	563.93	675.91	19.9
국내선	306.47	380.61	24.2
합 계	870.40	1056.52	21.4

자료 : 인도공항공사(AAI)

2. 항공화물 시장

전체 수출물량의 5% 내외를 차지하는 인도의 항공 수출 화물량은 고가의 물품을 운송하는 중요한 역할을 하고 있음을 주목해야 한다. 화물의 양적인 측면에서는 아직도 중국에 비해서는 적은 수준이지만 인도 항공화물 시장은 매년 15~20%씩 성장하고 있는데 고가제품이 대부분인 항공화물의 품목으로는 전자제품, 꽃, 의약품 등이 그 주류를 이루고 있다. 그러나 대형 항공화물 수송 능력과 국제 항공망을 갖춘 외국인 항공사에 의해서 인도의 국제 항공화물 대부분이 운송되고 있는 실정인데 근래에 Air India가 화물운송에 참여하여 국제 항공화물 시장의 10%를 점유하고 있고, 향후 25%까지 확대할 계획을 세우고 있다. 루프트한자, KLM, 싱가포르항공, 에어프랑스, 대한항공, 브리티시 에어웨이, 에밀레이트, 스위스에어 등이 인도에서 정규적인 서비스를 제공하며 국제 화물을 운송하고 있다. 그렇지만 매출액 기준으로 상위 10대 항공사 10개 업체 중 7개 업체가 인도 소유회사인데, 이것은 인도 항공 시장에 외국 업체들의 진출이 쉽지 않음을 나타내 주는 사례이다. 그 중에서 백스글로벌이 외국 운송업체들 가운데 가장 큰 매출실적을 올리고 있다.

〈표5-9〉 매출액 기준 인도 10대 항공화물 운송회사

순위	회사명	매출액 (백만 달러)
1	인드어 캐리어즈	32.74
2	백스글로벌	31.62
3	유티인디아 월드와이드	27.48
4	에어링크	27.32
5	콘티넨탈 캐리어	21.03
6	엑스페디터스	20.72
7	헐메스트래블 앤 카고	19.41
8	엑셀	19.08
9	지나	16.51
10	엑스포 프레이트	16.05

자료 : IATA

주요 대 도시에 위치한 뭄바이(Mumbai)공항, 델리(Delhi)공항, 첸나이(Chennai)공항, 콜카타(Calcutta)공항, 트리밴드름(Thiruvanan-thapuram)공항 등에서 항공화물 수요가 크며, 근래에는 방갈

로(Bangalore)공항, 하이드라바드(Hyderabad)공항 등에서 항공물동량이 증가하는 추세에 있다. 꽃과 의류 수출을 통한 항공화물 허브가 되려고 하는 방갈로는 IT 산업의 허브 도시로서도 두각을 나타내고 있다.

3. 항공 인프라 개발

경제 발전에 병목현상을 야기하는 원인으로 국제 기준에 못 미치는 인도의 교통시설이 자주 언급되고 있다. 따라서 인도 정부는 공항을 개발하고 항공기 수를 증가시켜 항공수송 능력을 확대시키는 등 항공 인프라 개발에 박차를 가하고 있다. 국제선공항, 세관공항, 모델공항, 국내선공항, 군사지역내의 민간공항 등 5가지로 구분되어 있는 인도의 공항들을 공항 인프라 계획에 따라 국제공항, 지방공항, 지역 허브공항으로 개편하려는 계획을 추진 중이다. 델리, 뭄바이, 첸나이, 콜카타 등 4개의 공항을 늘어나는 여객과 화물 운송에 대비하여 국제적 수준으로 개발하고, 서남아 경제권의 항공물류거점으로 델리와 뭄바이 국제공항을 육성하려고 한다.

그리고 방갈로공항과 인접한 데바나할리(Devanahalli)지역에 정부와 민간이 공동 참여하여 새로운 공항을 건립함으로써 미개발 지역의 공항 건립을 추진하고 있다. 또 안드라프라데쉬주 정부(GoAP)와 컨소시엄을 구성하여 이더베드공항과 인접한 삼샤바드(Shamshabad)에 새로운 공항을 건립하는 계획을 추진 중이다.

지상 통신과 항공 운항 시스템에 대한 교체 사업을 추진하는 것도 공항 개발과 더불어 항공물류의 발전을 위하여 필수적이다. 인공위성을 이용한 통신, 운항, 감시, 항공 교통관리 체제를 구축하는 것이 새로운 시스템의 축인데, 인도우주항공연구소(ISRO)와 협력하여 인도공항공사는 Statellite-Based Augmentation System을 개발하여 우주로 발사하게 된다. 그리고 인도 항공기가 미국의 GPS(Global Positioning System)를 사용할 수 있는 시스템을 미국의 레이디온(Raytheon)사와 ISRO와 개발하고 있다.

4. 인도 항공 물류

서남아시아 파키스탄 4.8%, 방글라데시 5.2%, 스리랑카 4.5% 등과 비교할 때 인도는 연평균 6%의 경제 성장률을 기록하면서 이 지역에서 가장 빠른 경제 성장을 구가하고 있다.특히 IT 및 전자제품, 의류 등은 빠르게 성장하고 있는 산업분야로서 항공화물의 수요가 크게 증가할 것으로 보인다. 또한 11억 명의 인구 중에서 중산층이 2억 명, 국토 면적 320만 ㎢의 광대한 지역으로 국내 항공화물 시장도 크게 성장할 것으로 예견된다.

인도 정부는 막대한 자본이 요구되는 항공 인프라 확충에 어려움을 인식하고 항공 인프라 개발에 민간투자와 외국인 투자를 허용하는 방향으로 법안을 수정하였지만, 민간기업이나 외국인이 인도 항공 시장에 투자하는 데는 여러 가지 한계점이 드러나고 있다. 여전히 공항 건설, 관리, 운영 등의 핵심 분야에서는 제한적으로 개발을 허용하기 때문이다. 그리고 국내 항공화물 운송부문에서는 외국항공업체들의 참여가 아주 제한되어 있다. 그렇지만 한국도 인도 항공시장의 잠재력을 인식하고 장단점을 파악하여 진출 전략을 세워야 나가야 할 것이다. 근래에는 인도에 많은 신생 항공사들이 생겨나고 있으며 외국계 항공업체들의 진출도 증가하고 있음을 주목해야 할 것이다. 그러므로 한국도 인도의 항공시장에 신규로 진입할 때의 선점효과와 그에 따른 한국 기업 진출의 시너지 효과를 파악하고, 향후 인도 중심의 서남아 국제 물류망을 구축해 나가도록 해야 할 것이다.

제20장 인도의 내륙 물류

1. 내륙운송 현황

1) 도로운송

북부 뉴델리권, 서부 뭄바이권, 동부 콜카타권, 남부 첸나이권 등 4대 산업권으로 구분되는 인도는 도로운송망도 4대 산업권을 연결하는 기간망을 중심으로 구축하고 있다. 인도의 도로 총연장은 2005년 기준으로 약 330만 km이고, 그 기능에 따라 국가 도로(National Highway), 주 도로(State Highway)와 지방 도로(District Road), 기타 도로(Rural Road) 등으로 구분하고 있는데, 국가도로와 주도로가 총연장의 6%에 불과하지만, 화물수송 의존도는 80% 이상에 이르고 있다. 도로개발이 5~10년 후를 대비하여 근시안적으로 개발한데다가 경제발전에 따른 교통량 확대에 맞추어 도로망이 확충되지 못했기 때문에, 50% 이상이 비포장도로이며 4차선 구간은 2%에 불과하다. 더불어 도로에 대한 투자가 지속적으로 이루어지지 않았고, 유지 및 보수 등 관리상태도 열악하여 교통체증이 심화되고 있다. 주 간선망 외에도 거주지 진입도로 건설이 시급한데, 82만여 거주마을 중 약 40%인 33만 마을이 전천후 사계절 진입도로가 구비되어 있지 않은 실정이다.

주정부가 운영하는 운송회사(State Road Transport Corporations:

SRTC)가 여객운송을 담당하고 있으며, 사전허가 전제 하에 민간업체의 운송서비스 제공도 부분적으로 이루어지고 있다. 화물운송업체의 75%가 트럭 5대 미만을 보유하고 있으며, 20대 이상의 차량을 보유한 업체는 6%에 불과하다. 인도 화물운송 업체들의 대부분은 대 화주 영업을 직접 하지 않고 중개업자를 통해 화물을 수집하므로, 단순 운송 업무에만 종사하고 있는 실정이다. 2000년대 초까지만 해도 철도가 내륙화물수송의 50%를 점유하였지만, 현재는 국내 화물의 67%가 도로를 이용해 수송되고 있다.

〈표5-10〉 도로 인프라 현황

현 황	특 징
• 총연장 : 3,315,231㎞ (화물운송의존도) - National Highways : 65,569㎞ (40%) - State Highways : 131,899㎞ (45%) - 주요 지방도 : 467,763㎞ (15%) - 기타 : 2,650,000㎞ (5%) • 포장율 : 45.7%(1999)	• 국내 화물운송의 67% 담당 (여객운송의 8% 점유) • 100% 외국인투자 허용분야 : 투자유인책으로 인센티브, 감세 및 건설관련 수입품 면세 등의 혜택을 주고 있음

자료 : 인도 교통부 및 CIA *The World Factbook*, 각년도

2) 철도운송

국가기간산업으로 지정되어 국가에서 직접 운영하고 있는 인도 철도네트워크의 대부분을 관장하는 인도철도(Indian Railways)는 세계에서 두 번째로 긴 철도망을 운영하고 있다. 인도철도는 인도 철도부 산하 국영기업인데, Container Corporation of India Ltd.(Concor), Konkan Railway Corporation(DRC), Indian

Railway Catering & Tourism Corporation Ltd.(IRCTC) 등 다수의 자회를 거느리고 있다. 철도연장이 총 81,511km에 달하는 인도 철도는 약 6,900여개의 화물 및 여객 터미널을 보유하고 있다. 전체의 65%를 차지하는 광궤 철도가 화물량의 96%를 수송하고 있으며 전철화율은 약 20%에 이른다. 주 기간철도망은 델리와 콜카타, 첸나이, 뭄바이 등 4대 산업거점을 연결하는 High Density Network(HDN, High Density Corridors)을 중심으로 구축되어 있다. 이 4각 네트워크가 총연장의 16%에 불과하나 전체 화물량의 65%와 총 여객의 55%가 집중되어 있으며 수송능력도 포화상태에 이르고 있다.

〈표5-11〉 철도 인프라 현황

현 황	특 징
• 총연장 : 63,140㎞ (미국에 이어 세계 2위) - Central Railway : 7,047 - Eastern Railway : 4,318 - Northern Railway : 11,004 - North Eastern Railway : 5,107 - North East Frontier Railway : 3,816 - Southern Railway : 7,049 - South Central Railway : 7,203 - South Eastern Railway : 7,351 - Western Railway : 10,020 • 전철화 구간 : 15,994㎞	• 운송물량의 48%가 석탄 • 에너지부문과 함께 공공부문으로 지정되어 외국인 투자제한 • 정부의 도로우선 투자정책으로 투자부진

자료 : 인도 철도부

그렇지만 인도 철도에 대한 외국인투자가 허용되지 않기 때문에 인프라 확충을 위한 신규투자 및 자본조달이 어려운 실정이다. 그리고 철도 운송의 생산성이 낮은 관계로 도로운송에 비하여 일반화물 운송에 대한 경쟁력을 상실해 가고 있다.

그러므로 철도는 장거리 여객 운송 및 석탄, 시멘트 등 벌크 화물 수송에 치중하고 있으며, 철도화물의 약 89% 정도를 석탄, 비료, 시멘트, 석유제품, 철강재, 철광석, 강판 원료, 곡물 등 8개 품목이 차지하고 있다.

〈표5-12〉 철도 운송량 증가 추이

구 분		2003	2004	2005
화물수송량	(백만 톤)	519	557	600
	(백만 톤킬로)	353,194	381,241	410,883
여객수송량	(백만 명)	5,048	5,203	5,488
	(백만 명킬로)	515,772	542,052	570,752

자료 : 인도 철도부

2. 내륙운송

1) 국가도로개발계획

인도 정부는 8%대의 고성장을 인프라 투자 없이 유지할 수 없을 것이라는 가정 하에 2014년까지 인프라 개발에 1,500억 달러를 유치하려는 계획을 수립하였다. 경제 성장률을 8%대로 유지하게 된다면 2020년 화물운송 수요가 약 5조 5,000억 톤킬로로 증가할 것으로 전망된다. 인도도로공사(National Highway Authority of India, NHAI)는 국도개발 및 유지운영을 총괄하고 국제차관공사 및 연방단위 민자 프로젝트 시행을 주관하고, 각 지방정부의 Public Works Department(PWD)는 주에 소속된 국도를 운영하고 도로개발 시에는 교통부와 협의를 거쳐 시행하고 있다. 인도도로공사(NHAI)는 인도 정부가 1998년 인프라 개발전담팀(infrastructure task force)을 구성하고 10년 동안 약 13,000km의 도로망을 구축하는 국가도로개발계획(National Highway Development Plan, NHDP)을 시행하고 있다. '10개년 도로개발계획'의 시행을 위해 연 9~10%의 교통량증가를 전제로 할 때 1995년 불변가격으로 2005년까지 329억 달러, 2006년에서 2015년까지는 추가로 400억 달러의 투자가 필요한 것으로 인도 교통부는 추산하였다.

〈표5-13〉 NHDP 구축 현황(2005. 3.)

	Golden Quadrilateral	남북종단 / 동서횡단	항만연계철도	기타	계
목표 총연장 (km)	5,846	7,300	356	777	14,279
4차선 구간 (km)	4,697	707	69	287	5,760
건설 진행구간 (km)	1,149	854	243	120	2,475
계약 진행 (건)	60	25	7	4	96
추가 구축구간 (km)	-	5,616	44	358	6,018

자료 : 인도도로공사

국가도로개발계획(NHDP)는 델리, 뭄바이, 첸나이, 콜카타 등 4대 도시를 연결하는 4각 도로망(GoldenQuadrilateral, GQ) 건설과 스리나가르(Srinagar)~칸야쿠마리(Kanyakumari) 간 남북 종단도로 건설, 실차르(Silchar)~포르반다르(Porbandar) 간 동서 횡단도로 건설사업으로 나누어져 있다. 1998년 1단계로 시작한 GQ 프로젝트는 진행이 부진한 관계로 완공옙정일(2004. 3. 31)을 3개월이나 지난 2004년 7월 3,000km만 완공되었다. 이에 따라 프로젝트 시행기관인 인도도로공사(NHAI))는 공사 진행이 너무 느린 2건에 대해 계약을 취소한 바 있다. 이 외에도 인도 교통부는 3, 4 단계 국가고속도로 개발 및 북동지역 도로개발 등을 통해 전국을 연결하려는 계획을 추진 중에 있다. 인도의 도로건설에는 1994년부터 BOT(Build Operate Transfer) 방식이 도입되었지만, 국제수준의 통행료 징수가 어려워 근본적으로 통행료 수입만으로는 수익창출을 기대하기 어려운 관계로, 민간도로사업의 핵심이라고 할 수익성 확보가 쉽지 않아 그 실적은 저조하다. 이와 같은 문제점을 인지한 인도 교통부는 부동산개발 등 부대사업 허용범위의 확대, 공공부문의 지분투자, 프로젝트에 대한 무상공여 및 최소교통량보장제 도입 등을 고려하고 있다. 특히 인프라 개발을 위한 재원마련을 위하여 물류 인프라 개발 사업에 대한 투자범위의 확대, 외국인투자지분 한도 상향 및 투자자에 대한 인센티브 제공 등을 시행하고 있다. 실제적 조치로 인도 정부는 철도를 제외한 항만, 공항, 도로, 내륙 물류시설 등에 대한 투자제한조치를 철폐하였으며 외국인투자자의 직접투자도 허용함과 아울러 외국인투자지분 한도를 상향조정하고 투자자의 자유로운 운영권을 보장하였다. 특히 도로의 경우에는 중앙정부의 승인 하에 100% 외국인 투자를 허용하고 있다. 그리고 기업이 인프라에 투자하게 되면 일정기간 동안 법인세 비과세 조치(Tax holiday)를 적용하는 동시에 투자를 금융에 대하여 우선 지원 및 이자율 인하 등의 인센티브를 제공하고 있다. 이러한 노력에 힘입어 외국 민간기업의 투자가 점차 늘어나고 있으며 도로 인프라 부문에 이루어진 약 80여건의 민간투자 중 외국인 투자가 26건에 달하였고 그 중에서 17건이 합작투자 형식이며

9건은 외국인 기업이 단독 투자였다. 더불어 세계은행 및 아시아개발은행 등 국제기구도 인도의 인프라 확충 필요성과 인도경제에 대한 확신에 따라 대 인도 인프라시설 지원액을 종전 지원금의 2배에 해당하는 20억 달러 수준으로 확대하기로 하였다.

〈표5-14〉 인도의 내륙인프라 개발관련 지원정책

구 분	투 자 지 원 제 도
도 로	• 개방여부 :외국인 지분참여 75% 허용 • 법인세 : 5년 비과세, 이후 5년 30% 감면 • 양허기간 30년 • 조달 건설장비 면세 • 건설자금의 40%까지 정부 금융 지원 • 토지 무상 공여 및 부동산 관련 세제 지원
철 도	• 미개방 - 발전 산업 등과 함께 국가기간산업으로 선정 • 컨테이너 철송 시장 일부 개방 발표(2005.3. 현재)

주 : 도로는 중앙정부(외국투자촉진위원회, FIPB)의 승인을 받으면 100% 가능

그리고 교육·보건 등 삶의 질 향상과 직결되는 거주지 진입도로 확충을 위한 Pradhan Mantri Gram Sadak Yojana(PMGST) 프로젝트를 진행하고 있는데, 2003년까지 거주자 1,000명 이상인 마을을 목표로 진입도로 건설이 추진되었고, 2007년까지 거주자 500명 이상인 마을까지 확대하기로 하였다. 이 프로젝트 진행을 위해 소요되는 약 130억 달러의 1/2 정도를 유류세로부터 충당하기로 하였으며 세계은행, 아시아개발은행 등의 기금도 활용하고 있다.

2) 철도

주요 도시와 산업거점을 중심으로 철도노선 중 노후시설의 교체와 주요 거점철도역의 확충을 계획하고 있는 철도 분야는, 동시에 항만기능의 활성화를 위해 주요 항만배후 연계철로 건설을 적극적으로 추진하고 있다. 특히 속도 증강, 2단적 컨테이너열차 도입 등 생산성 향상 사업도 시행하고 있으며, 철도역을 중심으로 물류시설을 개발함으로써 철도의 물류기능 확대하려고 한다. 그러나 인도 정부는 철도의 화물 수송분담률을 2002년 50.3%에서 2007년 37.4%로 감소시킬 계획으로 있다. 그 이유는, 첫째, 수송체계의 비효율과 철도시설의 노후로 인해 도로운송에 대한 수요가 크게 증가하였으며, 둘째 인도의 기간산업인 철도부문은 외국인직접투자가 허용되지 않는 관계로 외국인직접투자가 허용되는 도로부문의 개발을 우선적으로 추진하게 되었으며, 셋째, 철도 인프라 개발에는 상대적으로 많은 시간과 비용이 소요되기 때문이다. 그러나 민영화된 항만의 인입철로 건설에는 민간기업의 참여를 허용하고 있는데, 그 예로 머스크(Maersk India)사가 다수 지분을 보유하고 있는 피파바브(Pipavav)항과 P&O Ports가 운영사로 참여하고 있는 문드라(Mundra)항의 인입철도 건설을 들 수 있다. 그리고 인도 철도부는 인도철도의 자회사인 Concor사가 독점해왔던 컨테이너 철도 운송 시장에 민간기업 참여를 허용하였다. 이에 따라 머스크사는 인도 국내 화물운송업체인 Transport Corp. of India(TCP)와 공동으로 컨테이너 철도 운송 시장에 진출하는 계획을 세웠으며, 인도 국영기업체인 Central

Warehousing Corporation(CWC)사는 물류창고 건설 등 관련 인프라 구축함으로써 컨테이너 철도 운송 서비스에 참여하려고 한다.

3) 주변 지역과의 연계망 구축

주변 지역과의 내륙물류망 연계도 활발히 추진되고 있는 것은 인접 경제권과의 경제협력과 교역이 확대되는 것과 관계가 크다. 즉 인도는 동반성장을 이루는 'Look East 전략'을 추진하고 있는데 이것은 아시아 국가들과의 제휴를 통해 더욱 가능성 커진다고 할 것이다. 즉 관세인하는 물론 서비스, 투자분야까지 망라하는 포괄적인 경제협력을 도모하려는 차원에서 인도는 아세안(ASEAN)과 자유무역협정을 체결하게 되었다. 그 결과 대아시아 교역이 2003년 48억 달러에 지나지 않았지만 2005년 150억 달러, 2007년 300억 달러규모로 확대하는 목표를 입안하게 된 것이다. 인도는 동남아 국가들과의 내륙물류망 연계도 적극적으로 추진함으로써 이러한 목표를 달성하려고 한다. 그리고 자국의 도로망을 범 아시아도로망에 편입시키려는 계획 하에 아시아 하이웨이(Asian Highway)의 회원국으로 가입하게 되었으며, 아시아 횡단철도망(Trans Asian Railway)을 통해 중앙아시아 및 북유럽과의 물류네트워크 구축에 힘을 기울이고 있다. 또한 인접국 및 관련 국가와의 협조체계를 강화해 나감으로써 타지키스탄, 키르키스탄 등 중앙아시아 국가 및 러시아 등과의 철도망 연계를 강화래 가고 있다.

3. 향후 과제

인도가 중국과 같은 막강한 제조업 기반은 없지만 우수한 인력자원과 세계 일류의 IT 기술을 보유한 서비스업을 바탕으로 중국의 경제성장을 따라잡을 유일한 나라라는 측면에서 인도의 성장잠재력이 평가를 받고 있다. 그러나 인도정부가 기반 물류인프라 확충이 필수적이라는 것을 인식하고 대대적인 개발 계획을 시행에 옮길 때 기대되는 경제성장을 달성할 수 있을 것이다. 따라서 인도의 선진 물류 시스템 구축은 경제성장을 촉진하기 위한 필수불가결한 요소라고 할 것이다. 아직 인도의 내륙물류 인프라는 낙후되어 있는 형편이지만 인도정부의 계획 입안과 꾸준한 노력으로 주요 산업거점을 연결하는 도로망이 비교적 빠른 속도로 정비되고 있다.

인도에서 내륙물류 인프라 확충이 우선은 국토 균형발전과 급증하는 국내 운송수요를 충당하기 위한 것이라고 하겠지만, 주변 경제권과의 연계도 지속적으로 추진하고 있다. 즉 주변 신흥경제권과의 동반성장을 추진하는 차원에서 'Look East' 전략을 수립하여 시행에 옮기고 있는 것이다. 그리고 경제성장과 더불어 인도를 세계적인 물류시장으로 부각시키려는 계획에 따라 인도 물류정책은 입안되고 시행되는 것이다. 즉 주요 물류업체들이 인도시장을 중국에 이어 가장 매력적인 투자처로 파악하고 있는 상황에서 근래에는 인도의 항만, 공항 및 특별경제구역에 대한 외국인직접투자가 크게 증가하고 있음을 볼 수 있다. 그 결과 주요 선사, 항공사, 특송 업체들이 인도를 구심점으로 연계하는 글로벌 물류 네트워크 구축에 노력을 기울이고 있다. 따라서 인도 물류시장 선점경쟁이 촉발되었다고 하겠으며, 앞으로 인도를 허브로 하는 물류망이 유라시아 내륙물류의 주요 축으로 자리 잡게 될 날이 멀지 않았다고 할 것이다.

제6편 동남아시아 물류서비스

제21장 동남아시아 항만물류

1. 동남아시아 항만 현황

1) 동남아시아 컨테이너 물동량

동남아시아 지역은은 싱가포르, 말레이시아, 태국, 인도네시아, 필리핀, 브루나이, 베트남, 캄보디아, 라오스, 미얀마 등 ASEAN 10개국을 포함하고 있다. 2005년의 경우 싱가포르 항은 컨테이너 화물을 2,319만TEU 처리하여 세계 1위의 자리에 오름으로써 2위인 홍콩을 추월하였다. 그리고 클랑 항(Port Klang)과 탄중 펠레파스 항(Port of Tanjung Pelepas: PTP)항의 개발에 박차를 가하고 있는 말레이시아는 대형 선사에 전용터미널의 제공하는 등 차별화된 마케팅 전략을 구사함으로써 싱가포르 항과는 역내 환적화물을 비롯 화물유치경쟁을 벌이고 있다. 또한 태국정부의 적극적인 지원을 받고 있는 램 차방 항만도 역내 중심항만 역할을 위해 노력하고 있다. 그리고 적극적인 외자유치를 통해 신항만 개발 경쟁에 나서고 있는 베트남은 기존의 호치민 항의 컨테이너 시설을 반퐁(Van Phong), 붕타우(Vung Tau) 등 심해 항으로 이전하려고 한다. 물동량 기준 세계 19위 규모의 탄중프리옥 항을 인도네시아는 집중적으로 개발 및 육성하고 있으며, 필리핀도 장래 물동량 증가에 대비하여 마닐라 항의 신규터미널 개발을 추진하고 있다. 그렇지만 브루나이, 캄보디아, 미얀마 등의 항만들은 시설 및 물동량 처리에서 매우 낙후되어 있다.

〈그림6-1〉 동남아시아 주요 컨테이너 터미널 위치도

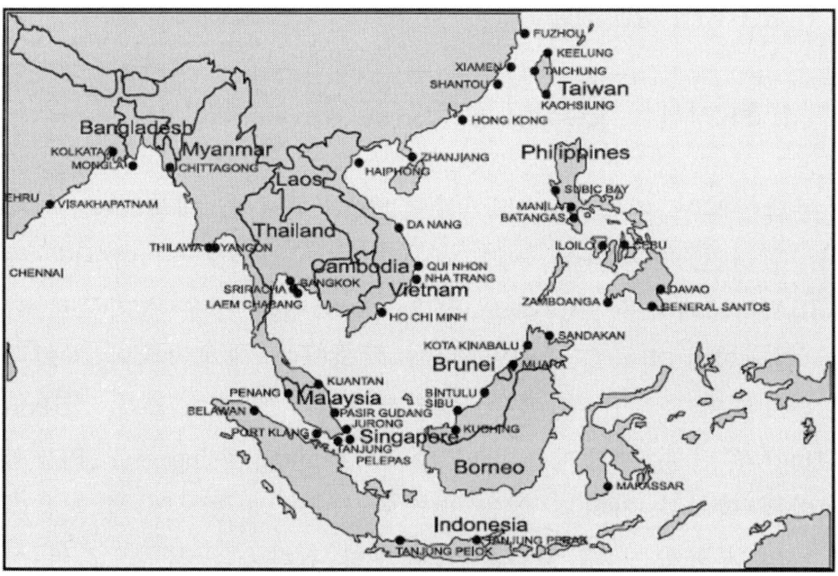

자료 : *Containerisation International Yearbook 2006*

중국과 미국에 이어 세계 3위 규모를 자랑하는 싱가포르의 컨테이너 물동량은 2004년에 3,561만TEU를 달성하였으고, 말레이시아와 인도네시아, 태국은 각각 1,126만TEU, 557만TEU 및 486TEU로 세계 20위권 안에 랭크되어 있고, 필리핀과 베트남은 각각 세계 21위와 28위에 올라 있다. 세계 컨테이너항만 처리 물동량 중 동남아시아 지역의 점유비중은 2004년 기준 약 14.5%로서, 동북아시아 다음으로 세계 2위에 해당하는 주요 경제 권역이라고 할 것이며 2010년에 이르러서는 점유율이 14.7%에 이를 것으로 전망된다.

〈표6-1〉 동남아 국가 컨테이너 물동량 처리 추이

단위 : 천TEU

세계 순위	국가	2000	2001	2002	2003	2004
3	싱가포르	17,096	15,573	16,986	18,441	21,311
8	말레이시아	4,613	6,225	8,752	10,072	11,264
14	인도네시아	3,798	3,902	4,540	5,177	5,567
17	태국	3,179	3,387	3,801	4,233	4,856
21	필리핀	3,032	3,091	3,271	3,468	3,673
28	베트남	1,190	1,291	1,772	1,905	2,139

주 : 1) 순위는 2004년 기준
2) 브루나이, 캄보디아, 라오스, 미얀마는 세계 컨테이너 물동량 순위 60위권 밖으로 집계자료 없음
자료 : The National Magazine, Containerisation 각 년호

2004년을 기준으로 보면 싱가포르 항만은 세계 2위에 올라 있고, 말레이시아의 클랑 항과 탄중 펠레파스 항이 13위와 16위, 인도네시아의 탄중프리옥과 태국의 램 차방 항이 19위와 20위를 차지하고 있다. 필리핀의 마닐라 항은 29위, 베트남의 호치민 항과 태국의 방콕 항은 52위와 65위를 기록하였다. 그리고 인도네시아 탄중페락, 말레이시아의 파지르 구당과 페낭,

싱가포르의 주롱 항 등은 세계 100위권 항만에 자리매김을 하였다.

〈그림6-2〉 세계 지역별 컨테이너 물동량 점유율 현황과 전망

단위 : 천TEU

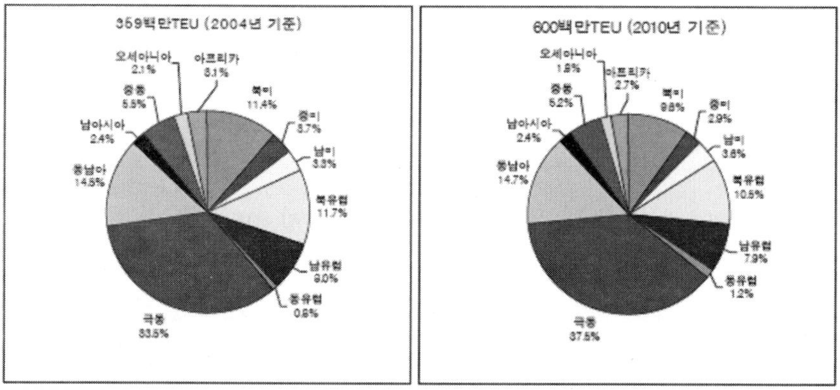

자료 : Drewry Shipping Consultants, *Annual Review of Global Container Terminal Operators*-2005에서 생성

2) 동남아시아 주요항만

(1) 싱가포르 항만

4개의 컨테이너 터미널로 구성되어 있는 싱가포르 항은 파지르 판장(Pasir Panjang)에 위치하고 있으며, 신규 4단계 터미널의 총 연장은 2,145m이며 6개 선석에 24기의 수퍼 포스트 파나맥스 컨테이너 크레인을 구비하고 있고, 선석 당 연간 75만TEU를 처리할 수 있다. 항만운영 효율성의 향상을 통한 처리능력을 증대하기 위하여 2000년 기준 1,700만TEU인 싱가포르 항의 전체 화물처리능력을 2,200만TEU로 증가시키려고 한

다. 파지르 판장 터미널의 개발가능 규모를 보면 연장 10km, 선석 20개, 부지면적 276h, 55m 아웃리치의 갠트리 크레인 100기(총 투자비 48억 싱가포르 달러) 등으로 연간 2,000만 TEU의 화물 처리능력을 목표로 하고 있다. 싱가포르는 기존의 터미널 정책에서 한 발 나아가, 경합을 통한 터미널 운영권의 획득이 가능하도록 함으로써 경쟁력 강화에 힘쓰고 있다.

〈표6-2〉 동남아시아 주요 항만 컨테이너 물동량 추이

단위 : 천TEU

세계 순위	항만	국가	2000	2001	2002	2003	2004
2	싱가포르	싱가포르	17,040	15,520	16,800	18,100	20,600
13	Port Klang	말레이시아	3,207	3,760	4,533	4,842	5,244
16	Tanjung Pelepas	말레이시아	418	2,050	2,660	3,487	4,020
19	Tanjung Priok	인도네시아	2,476	2,222	2,680	3,137	3,597
20	Laem Chabang	태국	2,105	2,312	2,657	3,047	3,529
29	Manila	필리핀	2,291	2,296	2,462	2,552	2,697
51	Tanjung Perak	인도네시아	949	1,278	1,418	1,575	1,695
52	Ho Chi Mihn	베트남	-	-	1,171	1,471	1,674
65	Bangkok	태국	1,074	1,069	1,136	1,174	1,318
81	Pasir Gudang	말레이시아	-	-	684	750	806
84	Penang	말레이시아	-	-	634	688	772
89	Jurong	싱가포르	56	84	186	341	711
147	Haiphong	베트남	219	286	335	377	389
181	Belawan	인도네시아	208	224	233	237	274
192	Davao	필리핀	145	155	177	202	226
200	Cagayan de Oro	필리핀	148	159	182	195	206

주 : 1) 순위는 2004년 기준이며 싱가포르의 2005년 순위는 세계 1위임
2) 200위권 외 동남아시아 항만은 불포함
자료 : Containerisation International Yearbook 각 년호

그리고 주롱항이 연장 600m, 2기의 포스트 파나맥스 크레인을 갖춘 컨테이너 터미널을 2001년부터 운영하기 시작하여

2002년 중에 부두연장을 900m로 확장하였고 3기의 크레인을 추가적으로 확보함으로써 연간 화물처리능력이 최대 60만TEU에 이르렀다.

〈그림6-3〉 싱가포르 항 컨테이너 터미널

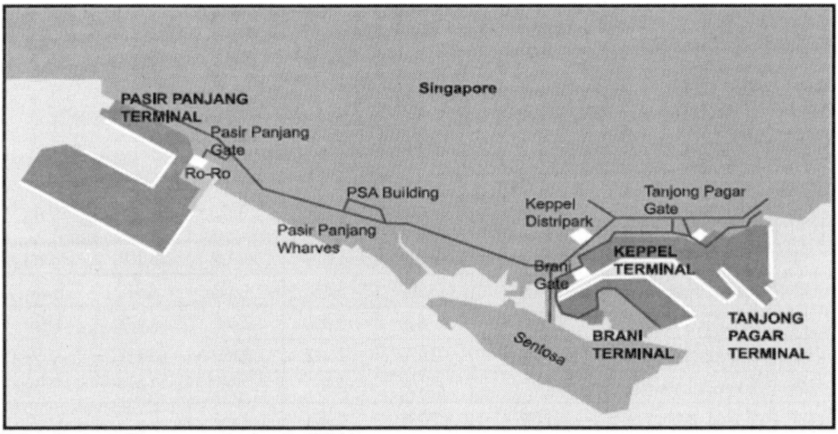

자료 : Port of Singapore Authority(PSA)

〈표6-3〉 싱가포르 항의 컨테이너 터미널 현황 및 개발계획

항만	사업	부두연장 (m)	연간처리능력 (100만TEU)	사업완료연도
PSA	파지르 판장 2단계 생산성 증대	2,600 2,600 4,800	3.00 3.00 5.50	2005-7 2008-10 2010 이후
Jurong	컨테이너 터미널 확장 및 컨테이너 크레인 3기 도입	300	0.40	2002

자료 : Ocean Shipping Consultants (2005)

(2) 말레이시아

수심이 17m에 이르는 천혜의 항인 탄중 펠레파스 항은

2002년 1단계 터미널을 개장함으로써 동남아시아 중심 항만인 싱가포르 항과 환적화물유치를 위한 치열한 경쟁을 하고 있다. 탄중 펠레파스 항만의 1단계 터미널 규모는 선석 수심 14m, 연장 360m, 선석 6개와 컨테이너 크레인 24기를 구비하고 있고 총 부두면적은 108h이며 연간 380만TEU의 처리능력을 보유하게 되었다. 그리고 2단계 터미널을 개발하여 연간 능력 180만TEU를 추가로 확보하기 위하여 노력하고 있는데 이미 2개의 선석을 개장해서 운영하고 있다. 그리고 3단계 및 4단계 터미널을 개발하여 2020년까지 터미널 능력을 배가시키려고 한다. 또한 말레이시아 반도와 태국을 전체적으로 커버할 수 있는 도로망 및 철도와 연계함으로써 말레이시아의 주요 항만과 내륙 항을 연결하는 계획을 추진하고 있다.

조허(Johor) 항은 7기의 컨테이너 크레인을 갖추고 있고 연간 최대 처리능력은 100TEU이며, 클랑 항은 Northport에 위치하고 있는 일반 부두 Terminal 1, 2의 기능을 컨테이너부두로 변경함으로써, 부두연장 356m, 3기의 수퍼 포스트 파나맥스 그레인을 구비하게 되었다. 그리고 Westport는 2002년에 부두의 연장이 600m로 확장되었고 9기의 컨테이너 크레인을 장착함으로써 연간 250만TEU의 화물처리능력을 갖추게 되었다. 클랑 항은 부두 2.5km를 추가적으로 확보할 예정인데 향후 1만TEU 급 컨테이너 선박의 기항을 준비하고 있다. 패낭 항은 NBCT(North Butterworth Container Terminal)의 부두연장을 2001년에 700m, 2003년에 200m 추가 확장함으로써, 연간 처리능력을 최대 100만TEU까지 확보하게 되었다.

〈그림6-4〉 탄중 펠레파스 항 마스터플랜

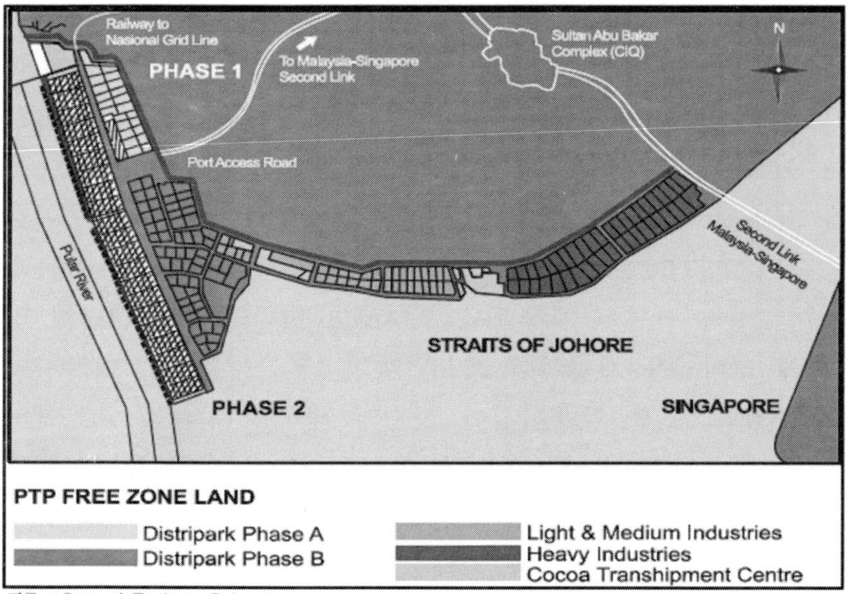

자료 : Port of Tanjung Pelepas

〈표6-4〉 말레이시아 주요 항만 컨테이너 터미널 현황 및 개발계획

항만	사업	부두연장 (m)	연간처리능력 (100만TEU)	사업완료연도
Tanjung Pelepas	2단계	1,080	1.90	2004-05
	3단계	1,080	1.90	2009-10
	4단계	2,160	3.80	2020
Port Klang	Westport 확장	600	0.80	2002
	Northport	356	0.40	2003
Johor	컨테이너 크레인 2기 추가		0.40	2002
Penang	Butterworth Wharves 폐쇄	-331	-0.10	2005
	NBCT 연장	200	0.33	2003-05

자료 : Ocean Shipping Consultants (2005)

(3) 태국

태국의 램 차방 항은 Basin B 지역에 위치한 5개의 민간 운

영 컨테이너 터미널이 연간 175만TEU의 하역능력을 확보하고 있다. 허치슨 포츠 홀딩스 (Hutchison Ports Holdings: HPH)는 2001년에 램 차방 터미널의 지분 49%를 인수하고, 30년간의 운영권을 확보하게 되었다. 램 차방 항은 A2 터미널의 기능을 컨테이너 터미널로 전환하였고 석탄 부두인 A5 터미널도 컨테이너 터미널로 전환하려고 한다. 부두 연장 500m, 연간 하역능력 60만TEU의 C3 선석의 개발이 2000년에 완료되었고, 2009년에는 Basin C 지역에 초대형선박을 수용하기 위한 수심 16m의 선석 7개가 들어설 계획으로 있다. 그리고 2020년까지 Basin E 지역에 6개의 컨테이너 선석을 추가로 건설하려고 하는데, 모두 실행에 옮겨질 경우램 차방 항의 연간 시설능력은 2020년에 855만TEU에 달할 것으로 전망된다.

〈표6-5〉 태국 주요 항만 컨테이너 터미널 현황 및 개발계획

항만	사업	부두연장 (m)	연간처리능력 (100만TEU)	사업완료연도
Laem Chabang	TLCTC (A2)	400	0.55	2002
	추가확장		0.35	2005
	2단계 (Basin C): C3	500	0.60	2003
		500	0.60	2005
		500	0.60	2007
		500	0.60	2009
		500	0.60	2010
	3단계 (Basin E)	2,500	2.90	2010 이후

자료 : Ocean Shipping Consultants (2005)

(4) 인도네시아

HPH가 1999년에 부두연장 1,683m, 갠트리 크레인 14기를 갖추고 있는, 탄중프리옥(Tanjung Priok)항의 자카르타 국제 컨테이너 터미널(Jakarta International Container Terminal)의 지분

51%를 인수함으로서 20년간의 운영권을 확보하게 되었다. 그리고 HPH는 2000년에 코자 컨테이너 터미널(Koja Container Terminal)에 대한 지분 48%를 인수하고, 2003년에는 자사운영 부두의 연계성을 도모하기 위해 자카르타 국제 컨테이너 터미널 1단계와 코자 터미널을 연결하는 80m 선석을 개발하기도 하였다. 그리고 연장 433m의 신규선석을 2005년에 개발하게 되어 탄중프리옥 항의 연간 총 처리능력은 300만TEU에 이르게 되었다. 그리고 탄중 페락(Tanjung Perak) 항은 500m의 부두연장을 1999년에 추가하였고, 2002년에는 1,450m의 부두와 컨테이너 크레인을 추가적으로 확보함으로써 연간 처리능력 180만TEU을 갖추게 되었다.

〈표6-6〉 인도네시아 주요 항만 컨테이너 터미널 현황 및 개발계획

항만	사업	부두연장 (m)	연간처리능력 (100만TEU)	사업완료연도
Tanjung Priok	JICT: 신규선석 등	80 433	0.20 0.50	2003 2005
Tanjung Perak	부두연장, 신규장비도입		0.60	2002
Belawan	부두연장	200	0.15	2005

자료 : Ocean Shipping Consultants (2005)

(5) 베트남

싸이공(Sai Gon), 하이퐁(Hai Phong), 뉴 포트(New Port), 벤네(Ben Nghe) 및 다낭(Da Nang) 등이 베트남의 주요 컨테이너 항만인데, 이들 항만의 처리 물동량은 2005년 179만TEU로써, 2003년 142만TEU 대비 12.4% 증가하였다. 베트남은 항만의 컨테이너 처리 능력이 2020년까지 450만TEU에 이를 것으로 전망하면서 항만 개발 계획을 실행에 옮기고 있다. 2020년 기

준으로 볼 때, 450만TEU의 컨테이너 화물 중에서 57만TEU는 베트남 화물이고, 나머지 393만TEU는 홍콩↔베트남↔싱가포르 간 발생하는 환적화물로 추계하고 있다. 주목할 만한 점은 향후 베트남 항만이 라오스, 캄보디아, 태국 및 중국의 운남성 지역까지 커버하는 환적 중심항으로 발전할 것이 예상된다.

〈그림6-5〉 베트남 항만개발계획

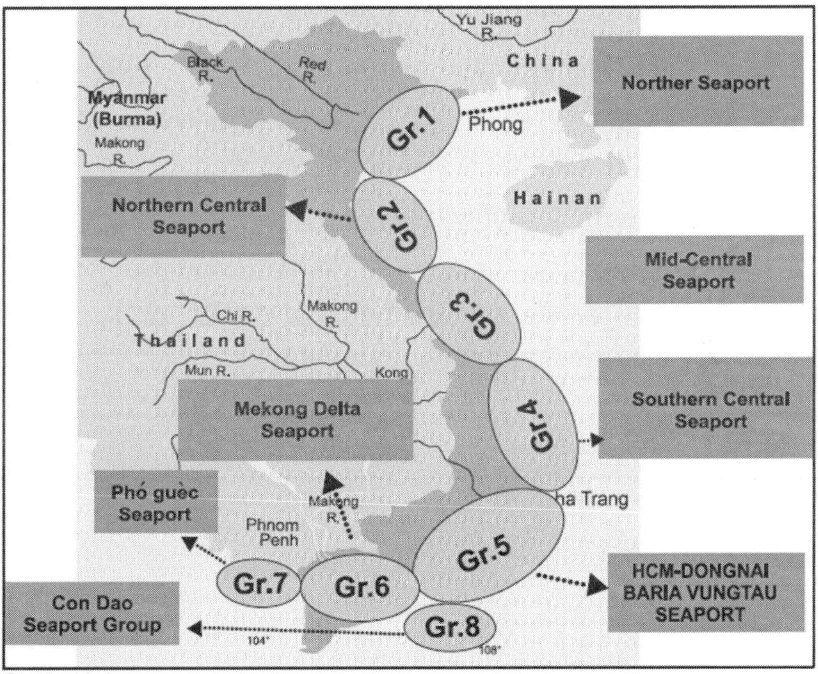

자료 : VinaMarine

베트남 지역을 8개 구역(Gr. 1~r. 8)으로 구분하게 되면서 그에 따른 항만 개발 사업을 추진하고 있으며, 필요한 재원 조달을 위해 외국의 ODA 차관, Joint Venture 등의 방식으로 외국인 투자 유치를 추진하고 있다. 특별히 경제개발이 뒤쳐져 있는 북부, 중부지역에 대한 투자를 집중적으로 확대하려고 한다. 항만 물동량의 80%가 남부지역(호치민 시티 항)에서 처리되고 있는 실정이며 외국인 투자가 이 지역에 집중되고 있어서, 북부의 하이퐁 항과 중부지역의 번퐁 항 개발을 위한 외국인투자 유치에 힘을 기울이고 있다.

(6) 필리핀

필리핀 South Harbour Terminal의 확장과 기능향상 추진은 마닐라 컨테이너 터미널 운영사인 Asian Terminal Inc.가 시행하고 있는데, 3억 달러를 투입하여 2008년까지 총연장 1,200m의 4개 신규선석을 확보할 계획으로 있다.

〈표6-7〉 필리핀 주요 항만 컨테이너 터미널 현황 및 개발계획

Port	Project	Quay Length (meters)	Annual Capacity (million TEUs a year)	Completion by end
Manila	ATI Terminal: new berths	300 300	0.20 0.20	2005 2008

자료 : Ocean Shipping Consultants (2005)

2. 성장 잠재력

1) 시설확장과 중심항만경쟁

생산성 향상과 함께 신규 시설의 개발을 추진하면서 동남아시아 주요 컨테이너항만은 보다 많은 기간항로 화물과 환적화

물을 확보하려는 노력을 기울이고 있다. 특별히 공격적인 마케팅을 구사하고 있는 항만들로는, 말레이시아의 탄중 펠레파스 항과 클랑 항, 태국의 램 차방 항들처럼 서로 인접하고 있거나, 새로 개장하는 항만들이며 지역 내 중심항만을 목표로 하고 있다. 예를 들어 최근 탄중 펠레파스 항은 지리적 우위와 낮은 항만비용을 바탕으로 싱가포르 항의 지위를 위협하면서, 싱가포르 항은 동남아시아 지역에서의 중심항만으로서의 우위 유지에 어려움이 예상된다. 탄중 펠레파스 항은 머스크 시랜드(Maersk Sealand)와 에버그린(Evergreen)등 대형 선사들에 전용 터미널(dedicated terminal)을 제공함으로써 이들 선사의 동남아 환적기지를 싱가포르 항에서 탄중 펠레파스 항으로 전환시켜 단시간 내에 권역 내 새로운 중심항만으로 부상하였으며, 2000년 개장한 이래 급속한 성장을 지속하고 있다. 필리핀은 미국과의 임대계약이 만료된 Subic Bay 항에 대한 적극적인 마케팅 활동을 실행하고 있으며, 방콕 항은 2000년 항내 화물관리 절차의 간소를 통한 항만운영의 효율성 제고에 목적을 둔 항만현대화 프로그램을 시행하기에 이르렀다. 그렇지만 싱가포르 항은 상호연계성(connectivity)과 서비스 빈도(frequency, 서비스 및 항만 효율성 차원에서의 운용 정도) 측면에서 높은 우위를 점하고 있다고 하겠다. 지속적인 고객지향 서비스를 제공하기 위해 고객, 특히 선사의 요구나 불만사항을 새롭게 고려하고 있으며, 이를 통해 이들과의 관계개선에 나서고 있다. 또한 1996년에 Global Alliance와 체결한 Virtual Terminal 계약을 통해 서비스의 신뢰성, 고객 지향성, 가격 안정성 및 비용 효율성을 보장하는 정책을 추진하는 등, 해운선사에게 지속적인 특혜(우선권)를 보장하는 계약을 맺는 것과 같은 전략을 수립하여 시행하고 있다. 그리고 세계 유수의 항만들과의 적극적인 조인트 벤처 계약을 통해 보다 강력한 항만 네트워크를 구축해 나가고 있으며, 이러한 네트워크 구축을 통해 주요 선사들과의 파트너 쉽(partnership)을 향상시키고 있는 것이다. 이러한 형태의 조인트벤처를 통해 투자의 다각화를 이루고, 해외 투자를 통해 획득한 수익을 여타 비용의 감소 수단으로 활용하는 동시에, 리베이트를 제시함으로써 항만의 경쟁력을 제고하고 있다.

2) 항만시설의 수요 증가

현재 확정되어 있는 항만시설 확장계획을 고려할 때 시설능력은 4.1% 증가에 그칠 것으로 예상되는 반면, 동남아 지역의 컨테이너 물동량은 2010년까지 연평균 9.3%의 급격한 성장세를 나타낼 것으로 전망 된다. 따라서 추가적인 항만시설의 개발 및 확장이 이루어지지 않을 경우 항만시설 부족을 겪게 될 것으로 예상되는데, 항만시설 이용률이 2004년의 80.6%에서 2010년에는 107.8%로 급격히 증가하게 될 것으로 전망되기 때문이다.

동남아 지역의 항만시설 확장이 시급히 요구되며 항만시설의 조기 확보가 향후 동남아 지역 중심 항만으로서의 지위에 큰 영향을 미치게 될 것으로 예상되는데, 그 이유는 일정 서비스 수준을 확보하기 위해서는 시설 이용률이 80%에 이르면 신규 시설 투자가 필요하기 때문이다. 특히 지속적인 선박 대형화에 따른 시설의 대규모화와 효율적인 하역 장비 및 운영 시스템을 요구하고 있는 상황 하에서 터미널 시설의 확장은 더욱 요구되고 있다.

〈표6-8〉 동남아시아 물동량과 시설능력 전망

단위 : 천TEU

구분	2004	2005	2006	2007	2008	2009	2010	연평균증가율 (2004-2010)
물동량	51,946	57,532	62,609	69,781	76,085	82,691	88,350	9.3%
시설능력	64,457	68,059	71,259	75,159	77,219	79,719	81,969	4.1%
이용률	80.6%	84.5%	87.9%	92.8%	98.5%	103.7%	107.8%	

자료 : Drewry Shipping Consultants Ltd, *The Drewry Annual Container Market Review and Forecast* 2005/2006, 2005, 9

3) 역외 및 역내 교역 전망

중국과 동남아시아 지역의 급속한 경제성장에 따라 아시아와 북미, 아시아와 유럽 간 물동량이 급속히 증가하고 있으며, 이러한 증가추세는 향후 더욱 가속화될 것으로 보인다. 2004년 아시아발 북미행 컨테이너 물동량은 1,227만TEU이었으나 4년 후인 2008년에는 약 47% 증가한 1,808만TEU에 이를 것으로 전망된다. 아시아발 유럽행 물동량은 2004년의 7,786만TEU에서 2008년 52% 증가한 1,186만TEU에 달할 것으로 전망하고 있다. 중국의 폭발적인 경제성장과 동남아 지역의 꾸준한 경제성장이 동서 기간항로에서의 아시아 물동량의 급격한 증가를 불러오고 있다. 주목할 만한 것은 중국의 대 동남아 제국에 대한 해외직접투자의 증가 및 한국과 일본, 대만의 제조업체들의 동남아지역으로의 제조기지의 이전, 그리고 중국과

ASEAN 간 FTA의 체결 등에 따라 동남아 국가들의 대외 교역량이 지속적으로 증가함으로써 항만물동량이 크게 늘어날 것으로 보인다.

〈표6-9〉 간선 항로별 수출입 물동량 현황과 전망

단위 : 천TEU

연도	아시아/북미 항로		아시아/유럽 항로		유럽/북미 항로	
	아시아→북미	북미→아시아	아시아→유럽	유럽→아시아	유럽→북미	북미→유럽
2004년	12,272	4,130	7,786	3,388	3,437	1,892
2005년	13,825	4,363	8,912	3,630	3,654	1,998
2006년	15,219	4,608	10,028	3,841	3,779	2,129
2007년	16,676	4,845	11,051	4,048	3,868	2,240
2008년	18,082	5,091	11,859	4,324	3,970	2,322

자료 : Global Insight, *Containerisation International*, 2006. 4에서 재인용

역외 교역량의 급증과 함께, 아시아 역내교역 비중도 크게 증가하고 있는데, 2005년 역내 교역규모는 3,680만TEU로 세계 최대 비중을 점유하고 있다. 아시아 역내 교역량 역시 높은 증가세를 나타낼 것으로 예상되는데, 그것은 향후 아시아 역내 글로벌 공급체인, 생산·분배 시스템이 더욱 세밀하게 구축될 것으로 예상되기 때문이다.

4) 동남아 항만시설에 대한 해외직접투자

세계적인 글로벌 터미널 운영사와 주요 선사들이 동남아 거점항만에 대한 투자를 증가시켜 나가고 있는데, 말레이시아의 경우 HPH는 클랑 항에, APM Terminals는 탄중펠레파스 항의 지분을 보유하고 있는 실정이다. 인도네시아의 경우에는 HPH

와 PSA가 탄중프리옥(Tanjung Priok)항 인근 보조네가라(Bojonegara) 지역에 새로운 터미널을 건설하려고 있다. 싱가포르의 PSA는 이미 인도네시아 탄중프리옥 항만의 코자 및 자카르타 터미널 건설사업에 참여하였고, 허치슨은 비록 성사되지는 않았으나 2003년 인도네시아 비만타라(Bimantara) 그룹과 컨소시엄을 구성해 항만 투자를 진행하기도 하였다. 인도네시아는 보조네가라 지역뿐만 아니라 자카르타 신항(Jakarta New Port)이라고 불리는 새로운 항만의 건설사업도 추진하고 있으므로 항만 건설의 수요가 더욱 늘어날 것으로 보인다. 태국은 HPH, PSA, APM, DP World 등 주요 운영사들이 램 차방 항에 각각 터미널을 운영하고 있고, 필리핀에는 DP World와 ICTSI가 진출해 영업을 하고 있다. 그리고 베트남에는 APM과 DP World가 사이공 항에 대한 운영권을 가지고 영업에 참여하고 있다.

그리고 MSC는 PSA와 합작사를 설립하여 싱가포르의 파지르 판장 터미널(PPT) 선석 3개를 운영할 계획을 가지고 있다. MSC-PSA Asia Terminal(MPAT)로 불리는 이 합작사는 연간 200만 TEU의 컨테이너 물동량을 처리할 것으로 전망되는데, MSC가 지난 2003년에는 싱가포르의 전용선석 보유 정책을 포기하였지만 다시 PSA와 전략적인 제휴를 공고히 하고 있다는 점을 주목하게 되는데, 그만큼 항만물류의 경쟁력 확보를 위한 다툼이 치열하다는 것을 보여주고 있다. 이 같은 MSC의 방침에 따라 COSCO는 2003년 PSA와 PPT항을 2008년까지 운영하는데 필요한 지분 49%를 획득하기 위한 투자를 한 바 있다. 그리고 Cosco Pacific도 싱가포르 파지르 판장에 49%의 지분을 보유하게 되었다. 그 이외에도 Evergreen은 태국 램 차방 항에, 그리고 Mitsui-OSL Group은 베트남 호치민 항에서 터미널을 운영하면서 항만 물류 경쟁력 확보에 힘쓰고 있다.

〈그림6-6〉 지역 간 컨테이너 화물 운송구조(2005년)

단위 : 백만TEU(적 컨테이너 기준)

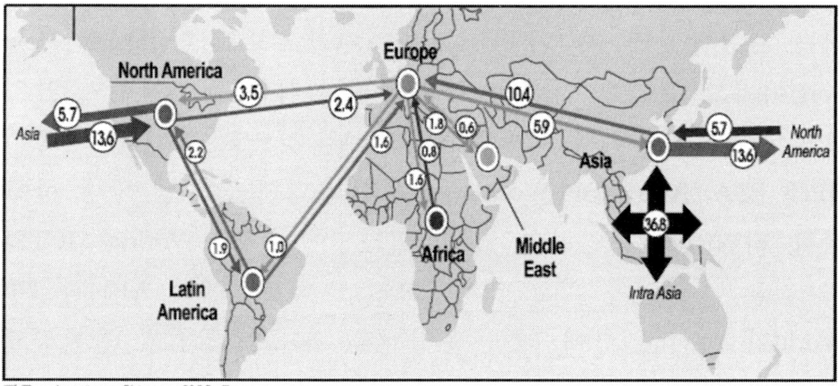

자료 : American Shipper, 2006. 7

〈표6-10〉 주요 선사의 동남아 컨테이너 터미널 운영현황

운영사	국가	항만	터미널	지분	선석연장 (m)	용량 (백만TEU/연)
Cosco Pacific	싱가포르	Pasir Panjang	Cosco-PSA T.	49%	720	1.00
Evergreen	태국	램 차방	Evergreen CT(Thailand)	100%	300	0.60
Mitsui-OSK Group	베트남	호치민	Vietnam ICT	JV	486	0.50
MSC	싱가포르	PSA	MSC-PSA T.	49%	1,080	2.00

자료 : Ocean Shipping Consultants, *East Asian Containerport Markets to 2020*, 2006. 6

〈표6-11〉 글로벌 터미널 운영사의 동남아 컨테이너 터미널 운영현황

운영사	국가	항만	터미널	지분	선석연장 (m)	용량 (백만TEU/연)
HPH	말레이시아	클랑	Westport Klang	31.45%	2,600	3.20
	인도네시아	자카르타	Jakarta Int CT T. Petikemas Koja	51% 100%	2,220 650	2.15 0.67
	태국	램 차방	Thai Laem Chabang T Hutchison Laem Ch T	88% na	400 3,250(예정)	0.75 4.50~6.00
	미얀마	Thilawa	Myanmar Int.Ts.	80%	1000	0.50
APM Terminals	말레이시아	Tanjung Pelepas	Port	30%	2,880	4.30
	태국	램 차방	LCB1 LCMT	35% 51%	300 590(예정)	0.65 0.60
	베트남	Thi Vai	Saigon Port	na	600(예정)	0.50
PSA	싱가포르	싱가포르	PSA Singapore Ts Cosco-PSA T. MSC-PSA T.	100% 51% 51%	10,314 720 1080	20.20 1.00 2.00
	브루나이	Muara	PSA Muara CT	80%	250	0.22
	태국	램 차방	Eastern Sea LCT	50%	600	1.20
DP World	필리핀	마닐라 General Santos	Asian Terminals Inc. Makar Wharf extension	84.1% 30.0%	1,335 152	0.83 0.15
	인도네시아	탄중 펠락	TPS	49%	1450	1.80
	태국	램 차방	LCITC	34.5%	900	1.50
	베트남	호치민	Saigon Premier CT	80%	1000(예정)	1.50
ICTSI	필리핀	마닐라 Subic Bay General Santos	Manila Int. CT Subic Bay Int T. Makar Wharf extension	100% 70.83% 35.7%	1,300 342 152	1.50 0.10 0.15

자료 : Ocean Shipping Consultants, *East Asian Containerport Markets to 2020*, 2006. 6

3. 시사점

1) 중심항만 경쟁

싱가포르항이 세계 1위의 컨테이너항만으로서 독주체제를 계속하고 있는 가운데 클랑, 탄중펠레파스, 램 차방 등의 항만이 지역 중심항만으로 도약하기 위한 마케팅을 구사하면서 치열한 허브항만 경쟁을 전개하고 있다. 특히 말레이시아 정부는 클랑 항과 탄중 펠레파스항을 싱가포르 항을 대체하는 동남아 중심항으로 육성하기 위해 주요 선사에 항만 비용을 대폭 할인하는 등 적극적인 정책을 마련하고 있다. 탄중 펠레파스 항은 싱가포르 항과 비교하면 항만비용이 30% 저렴하고, 싱가포르가 전적으로 환적화물에 의존하고 있는 것과는 달리 내국시장과 인접하고 있어 지역화물을 충분히 확보할 수 있는 이점이 있다. 또한 항만관련 산업이 입주할 수 있는 충분한 부지를 확보하고 있는데, 창고와 물류 활동을 위한 디스트리파크(Distripark)의 조성에 290 에이커, 항만관련 산업의 유치를 위해 614 에이커의 부지를 책정해 놓았다. 태국의 램 차방 항은 2000년 싱가포르 항에 기항하던 Evergreen과 Lloyd Triestino를 유치하였고, 그 후 아시아-유럽 항로 서비스와 아시아 역내 피더선사 유치에 노력을 기울여 매년 18% 이상의 성장을 구가해 왔다. 특히 2002년에는 램 차방항을 메콩 강 개발계획과 연계하여 동남아 경제권의 산업, 물류거점으로 성장시킨다는 전략을 발표하였다. 그리고 인도네시아는 탄중 프리오크항을 육성하는 차원에서 적극적으로 항만비용을 인하하려고 하며,

동시에 향후 인프라 투자 및 수송망 확대를 위한 투자에는 큰 조세 인센티브를 제공하려고 한다. 이러한 노력의 결과, 싱가포르 항과 포트 클랑, 탄중펠레파스, 램 차방, 탄중프리옥 등 주요 컨테이너항만의 하드웨어는 최고의 수준에 올랐으며, 초대형선 수용을 위한 대규모 터미널 개발계획도 추진하고 있다. 더불어 소프트웨어 측면에서는 선진적인 항만물류시스템과 know-how를 체득하기 위하여 세계적인 터미널 운영사와 선사들이 터미널 운영에 참여하고 있다. 한국의 선사들도 동남아 항만간의 경쟁구도를 잘 활용하여 자사에게 가장 유리한 물류 네트워크를 구성하여 총 물류비용 절감을 위한 노력을 기울여야 할 것이다.

2) 지역항만 경쟁과 협력

선사들의 기항지 축소와 운항합리화 노력은 항만 경쟁을 더욱 심화시키고 있으므로 항만운영업자들은 항만간의 경쟁보다는 협력이 수익 창출을 위해 더 효과적이라는 인식을 가져야 할 것이다. 즉 선사들이 협력체제를 구성하고 유지하는 것과 유사하게 글로벌 터미널 운영사는 선사에 대한 교섭력의 증대 및 안정적인 물량확보와 비용절감을 도모하기 위한 방안으로 인접 항만 간 전략적 제휴 및 글로벌 네트워크 구축에 힘을 기울이고 있다. 컨테이너 터미널 운영업체들은 특정 항만이나 국가에 집중하기보다는 여러 국가에 분산 투자하고 있는데, 시장지배력 확대전략으로 다른 항만에 대한 직접투자와 인수·합병을 활발하게 전개하고 있으며 신규 항만의 개발과 함께 기존 항만에 대한 운영권 확보, 재개발 및 자본참여 등을 통하여 항만 간 경쟁적 협력(co-competition)을 추구하고 있다. 즉 HPH는 말레이시아의 클랑 항과 인도네시아의 자카르타 항, 태국의 램 차방 항과 미얀마의 Thilawa 항 동남아 주요 거점에 항만 네트워크를 구축하였다. PSA도 싱가포르를 중심으로 태국의 램 차방, 브루나이의 Muara 항의 컨테이너 터미널을 운영함으로써 대규모의 독자적인 항만네트워크를 구축하게 되었다. 그러나 이러한 세계 1,2위의 터미널 운영사들 간에도 상호 치열한 경쟁을 지속하는 동시에, 최근에는 협력적 관계를 모색하고 있다. 즉 HPH는 자사의 지분 20%를 경쟁사인 PSA에게 44억 달러에 이전하였는데, 그 이유는 통신사업에서의 손실로 유동성 문제가 붉어졌던 HPH의 현금보유 확대 필요와, 글로벌 거점 확보에 있어 HPH와 DP World에 비해 상대적 열세에 처해 있던 PSA의 글로벌 네트워크 확장이라는 전략적 이익이 상호 일치함으로써 가능하게 되었다. 이 거래를 통해서 PSA는 말레이시아의 클랑 항, 인도네시아의 자카르타와 태국의 램 차방 항만에 대한 영향력을 키우게 되었고, 주요 경쟁 항만인 탄중 펠레파스 항에 대한 견제력도 더욱 갖추게 되었다. 따라서 한국의 선사와 하역사를 비롯한 물류기업들도 부산항과 인천항에 진출해 있는 HPH와 PSA, DPWorld와는 국내에서 치열한 경쟁을 전개하는 동시에, 이들 소유의 외국 터미널에 대한 운영권 지분에 참여함으로써 외국 거점항만에 대한 투자와 운영을 늘려나가는 방안도 고려해 보아야 할 것이다.

3) 아시아 역내 항만네트워크 구축

안정적인 경제성장세의 지속, 북미 및 유럽지역과의 교역량 증가, 아시아 역내 교역의 활성화에 힘입어 향후 아시아 지역은 항만시설에 대한 수요가 지속적으로 확대될 것으로 보인다. 2009년 동남아 지역의 항만 이용률은 103.7%로 항만시설이 크게 부족할 것으로 예견된다. 따라서 글로벌 터미널 운영업체들과 주요 선사들은 이미 동남아 주요 거점항만에 진출하여 컨테이너 터미널 운영권을 행사하는 동시에, 터미널 시설에 대한 투자를 증가시키고 있다. 그렇지만 한국의 경우에는 동남아지역 터미널 운영에 참여하고 있는 하역사나 선사가 없는 실정이므로, 앞으로 세계적인 터미널 운영사와 선사들의 항만 네트워크가 더욱 강화되면 동남아 항만물류시장에서의 입지가 더욱 좁아질 가능성이 크다. 그러므로 동남아 거점 항만에 대한 진출가능성과 실효성을 면밀히 파악하고 진출 방안을 마련해야 할 것이다.

제22장 동남아시아 항공 물류

1. 동남아시아의 항공물류

경제 규모가 비교적 크고 동남아에서 허브 공항 역할을 수행하고 있는 정도로 항공 운송망이 발달한 싱가포르, 태국, 말레이시아가 국제 항공화물 분야에서 두각을 나타내고 있으며, 주요 항공사는 싱가포르항공, 말레이시아항공, 그리고 타이항공이 있다. 비록 이들 항공사들이 유가의 상승으로 이익이 크게 감소하였지만 국제노선을 개발하는 등 새로운 방향을 모색하고 있다.

〈표6-12〉 아세안 국가의 항공수송망 및 화물수송 현황

	년 도	브루나이	캄보디아	인도네시아	라오스	말레이시아	미얀마	필리핀	싱가포르[1]	태 국	베트남
< 국내 항공 수송 >											
공항수 (개)	1999	-	6	31	11	14	21	93	na	29	-
	2000	-	-	-	-	14	21	87	na	33	-
	2001	-	-	-	-	14	21	87	na	33	-
국내화물 (천 톤)	1999	-	0.04	232	0.81	17	3	652	na	907	-
	2000	-	-	-	-	18	1	427	na	-	-
	2001	-	-	-	-	19	3	260	na	-	-
< 국제 항공 수송 >											
공항수 (개)	1999	1	1	18	2	6	1	-	2	29	2
	2000	1	-	-	-	5	1	4	1	5	-
	2001	1	-	-	-	5	2	4	1	5	-
Cargo loaded (천 톤)	1999	0.83	7.34	160.8	35.8	274.8	5.45	-	743.6	532.6	93.8
	2000	14.82	-	146.3	-	284.5	6.52	172	884.2	511.0	-
	2001	14.61	-	147.0	-	310.5	6.06	144	726.4	509.0	-
Cargo unloaded (천 톤)	1999	9.07	2.87	80.1	515.5	260.6	5.74	-	756.8	374.6	-
	2000	10.73	-	94.7	-	359.9	7.53	137	848.3	315.0	-
	2001	9.70	-	95.5	-	246.0	5.41	111	780.6	301.0	-

주 : 1) 2002년과 2003년 싱가포르의 Cargo loaded는 각각 80.3만 톤과 80.8만 톤이며, Cargo unloaded는 각각 83.5만 톤과 80.3만 톤임.

자료 : ASEAN Secretariat. 2004.

1) 싱가포르

2003년 80만 톤의 항공화물을 처리한 싱가포르는 인도네시아와 말레이시아 두 나라 사이에서 1970년대부터 항공 허브 전략을 추진하면서 크게 성공하였다. 창이(Changi) 공항은 항공화물 운송 부문에서 세계적 수준에 이르렀으며 아시아에서 최고의 공항으로서 손색이 없을 정도이다. 그 이유는 창이 공항이 다양한 항공노선 제공, 효과적인 화물 처리 서비스, 그리고 특별히 항공자유화 정책을 추진했기 때문이다. 항공사, 물류업체, 화주들에게 24시간 일괄 서비스를 제공하고 있는 창이항공화물센터(Changi Airfreight Center: CAC)는 자유무역지역(Free Trade Zone)의 역할도 하고 있는 관계로, 센터 내에서 화물의 이동이나 집하, 보관, 포장 등은 서류 처리나 관세 납부 없이 자유롭게 행해진다. CAC에는 8개의 항공화물 터미널, 5개의 화물 에이전트 건물, 그리고 10개의 화물기가 주차할 수 있는 시설이 있다. 싱가포르공항터미널서비스(SATS)가 지분의 80%를 소유하고 있는 8개의 항공화물 터미널은 창이국제공항서비스(CIAS)와 공동으로 운영하고 있다. 싱가포르항공의 자회사인 세계에서 화물을 가장 많이 처리하는 업체 중의 하나인 STAS는 창이공항에서 화물 운송의 85%를 차지하고 있으며, 국내외 200개의 포워딩 업체의 항공화물 운송을 감당하고 있다. STAS는 첨단 IT 기술을 활용하여 130,000㎡ 규모 시설을 보유하고 연간 2백 2십만 톤의 화물을 처리할 능력을 지니고 있다. 싱가포르항만국과 에어프랑스(Air France), 중국항공(China Airlines), 가루다인도네시아에어웨이즈(Garuda Indonesia

Airways), 케이엘엠로열네덜란드항공(KLM Royal Dutch Airlines), 그리고 루프트한자항공(Lufthansa Airlines) 등 5개의 국제 항공사들로 구성된 합작 컨소시엄으로 구성되어 있는 CIAS는 창이공항에서의 지상서비스를 제공하고 있는데, 서비스 종류로는 화물 취급, 격납고 광장 관리, 기내음식, 보안 서비스, 그리고 활주로 보수 등이다. 그리고 국내외 200여개의 포워딩 업체에게 창고와 사무실을 제공하고 있는 싱가포르 민간항공국(Civil Aviation Authority of Singapore)은 5개의 화물 에이전트 건물을 운영하고 있다.

2) 태국

방콕의 북쪽에 위치하고 있는 돈무앙(Don Muang)국제공항은 태국의 중심부를 대상으로 항공서비스를 제공하고 있으며, 북쪽에는 치앙마이(Chiang Mai)국제공항과 남쪽에는 푸켓(Phuket)국제공항이 항공서비스를 제공하고 있다. 타이항공(Thai Airways)이 국내외 노선에 서비스를 제공하고 있으며 국내에는 19개의 공항에 연결되고 있다. 1977년에 설립된 Commercial Transport International(CTI)은 화물운송, 세관업무, 그리고 화물보관 등 다양한 물류서비스를 제공하는 주요 화물운송 업체이다. 오스트레일리아의 콴타스에어웨이즈(Qntas Airways, 49%)는 CTI(51%)와 합작으로 타이에어카고(Thai Air Cargo)를 설립하고 본사를 방콕에 두면서 운영하고 있다. 타이 에어 카고는 'MD11' 기종을 투입하여 일본, 중국, 인도, 유럽에 일단 취항하면서 점차 취항지역을 확대해 나갈 예정으로 있다. 태국의 수출입 업체들은 타이에어카고의 취항을 통하여 항공 물류 효율성을 크게 높일 수 있게 되었다.

3) 말레이시아

말레이시아 시란고(Selangor)의 세팡(Sepang)에 위치한 콸라룸푸르국제공항(Kuala Lumpur International Airport)은 최첨단 장비를 갖추고 연간 승객 2천 5백만 명을 수용하면서, 화물 650,000톤을 처리할 수 있다. 나아가서 2020년까지 연간 승객 6천만 명, 화물 3백만 톤을 처리할 수 있는 규모로 확장하려고 한다. 2020년 이후에는 승객 1억 명, 화물 5~6백만 톤을 처리 할 수 있는 규모로 확대하려는 계획을 세우고 있다. 페낭국제공항(Penang International Airport), 페닌술라의 랑카위국제공항(Langkawi International Airport), 사바의 코타키나바루국제공항(Kota Kinabalu International Airport), 사라웩의 쿠칭국제공항(Kuching International Airport)등도 말레이시아의 국제공항 역할을 하고 있다.

말레이시아 항공(Malaysia Airlines)이 자회사인 MASkargo를 통해 항공화물 운송서비스를 제공하고 있는데, MASkargo는 콸라룸푸르국제공항의 자유무역지역에 Advanced Cargo Center(ACC)를 운영하고 있다. 그리고 에니멀(Animal) 호텔, One-stop Perishable Center, Priority Business Center등을 포워딩 업체를 위해 운영하고 있다. 또한 국내 공항 간 트럭킹 운송 서비스를 제공면서, 두바이, 암스테르담, 프랑크푸르트, 오사카, 대만의 타이베이, 상하이 푸동, 홍콩, 방글라데시의 다카

(Dhaka), 오스트레일리아의 퍼스(Perth)와 멜버른, 그리고 자카르타 등지에 국제 화물 운송 서비스를 제공하고 있다. 최근에는 Sea-Air서비스를 위해 I-Port 시스템을 구축하여 항만에서 화물을 하역하여 항공으로 실어 나르는 서비스도 제공하게 되었다.

2. 동남아시아의 3PL 업무

1) 글로벌 3PL업체

TNT는 필리핀의 마닐라에 있던 지역 본부를 싱가포르로 이전하면서 동남아시아에서 말레이시아, 인도네시아, 필리핀, 태국 등을 연결하면서 서비스를 제공하고 있다. 싱가포르와 홍콩에 아시아 태평양 거점을 운영하고 있는 UPS는 미공군이 사용하던 필리핀의 Clark 공군기지에 아시아 지역 허브를 설립하였다. UPS 의 이 허브는 약 7백평 규모로서 시간당 3,500개의 화물을 처리할 수 있고 인천, 홍콩, 싱가포르, 대만, 동경, 오사카, 상하이, 베이징 등으로의 항공물류 서비스를 연계하고 있다. 1995년 이후 과거 미해군이 사용하던 필리핀 수빅만에 아태지역 허브를 설립한 FedEx는 아시아 지역 내에서 익일 서비스를 제공하고 있음을 주목해야 할 것이다. 특히 아시아-태평양 데이터 센터를 싱가포르에서 운영하면서 IT와 전자상거래 비즈니스 모델 구축에도 힘을 기울이고 있다. 필리핀 수빅 허브의 경우에는 2만2천 평의 부지를 임차하여

316,00㎡의 시설을 갖추어 시간당 1,600건의 화물을 처리할 계획으로 있다. 필리핀 마닐라 공항에 아시아 지역 허브와 화물 분류 시설을 운영하던 DHL은 2000년 3월에 마닐라에서 홍공으로 허브를 이전하기에 이르렀다. 특히 싱가포르 창이 공항에 878평 규모의 특송허브를 2001년에 설치하여 서남아시아와 중동 및 유럽 행 특송화물의 환적센터로 활용하게 되었다.

2) 지역 3PL 업체

싱가포르의 3PL업체들로는, SembCorp Logistics, YCH Group, G&U Logistics, Trans-Link Group, GKE International Logistics등이 있다. SembCorp Logistics사는 SCM과 근해 물류(offshore logistics) 부문 서비스를 제공하는데, SCM 부문에서는 소비재 제품, 부품 및 반제품, 위험물, 의약 및 제약품, 전자 제품에 대한 통합 물류 서비스를 제공한다. 그리고 아시아 지역의 유전과 가스 개발사업을 지원하는데 필요한 물류 서비스를 제공함으로써 근해 물류분야에서도 활약하고 있다. YCH Group은 국제적인 일괄적인(end-to-end) SCM 서비스를 제공하고 있는데, 공급자로부터 제조 기업에 부품과 반제품을 공급하는 자재관리 서비스를 비롯, 완제품 공급 서비스로도 사업영역을 확장하고 있다. 그리고 회수물류 (reverse logistics)서비스도 운영하고 있는데, 전자제품, 일반화물, 그리고 소비재 제품을 주 대상으로 한다. 아시아와 유럽 지역에서 다양한 화학제품을 대상으로 포워딩, 운송, 그리고 보관 서비스를 제공하는 업체인 G&U Logistics은 싱가포르에 지역 허브를 두고 있으면서,

화학 산업을 대상으로 재고관리와 분배를 일괄(one-stop)적으로 처리하고 있다. 전시 및 이벤트 물류와 SCM 부문에서 일괄(one-stop)물류 서비스를 제공하는 Trans-Link Group은 온라인 판매와 예술품 등 부서지기 쉽거나 고가의 물품을 운송하는 서비스도 제공하고 있다. 그리고 금속 제품을 대상으로 물류서비스를 제공하는 GKE International Logistics 같은 업체도 활약하고 있다.

제23장 동남아시아 내륙물류

1. 동남아시아 내륙물류 현황

1) 도로

동남아시아 10개국은 ASEAN (Association of South East Asian Nations)을 형성하여 세계 어느 지역보다 경제적 교류와 정치적 연대가 잘 이루고 있다. 캄보디아, 라오스, 미얀마, 베트남 (CLMV; Cambodia, Lao PDR, Myanmar, Vietnam)등 저개발 국가들은 상대적으로 국토면적당 도로연장이 낮은 것은 물론 도로선형 및 포장상태도 좋지 못하다. 그러므로 기존 도로에 대한 개량과 더불어 새로운 도로 건설에 역점을 두고 있다. 인도네시아는 넓은 국토 면적에 비해 도로연장이 적은 관계로 도로건설에 힘을 쏟고 있다. 그리고 동남아시아 국가들은 국가별 도로수준에 관계없이 서로를 연결하는 국제적 도로망 개발에 매우 적극적이기도 하다. 즉 ASEAN Highway 노선을 지정하고 이를 개발하기 위해 실무위원회 (ASEAN Highway Sub-Working Group)를 구성하였으며, 주기적으로 회의를 여는 등 많은 노력을 기울이고 있다. 그 결과 특히 도로상태가 좋지 않은 CLMV 국가의 도로 상황을 호전시키는데 상당한 도움을 주고 있다. 이들 국가의 도로가 제대로 기능을 발휘되어야 ASEAN Highway가 제대로 그 역할을 수행할 수 있기 때문에 ASEAN 모든 회원국들이 CLMV 국가의 도로개발에 적극 나서고 있다. 동남아시아에서 가장 큰 나라는 인도네시아 (2억 1200만 명, 1백9십만 ㎢)이고 인구가 가장 적은 나라는 브루나이로서 38만 명이며, 면적이 가장 좁은 나라는 싱가포르 697㎢이다. 도로연장은 인도네시아, 태국, 베트남, 필리핀 순으로 길다고 할 수 있겠지만, 국토면적당 도로연장은 싱가포르 (4.518)가 가장 높고, 라오스(0.132)와 미얀마(0.134)가 가장 적다. 그리고 1인당 차량대수는 브루나이가 0.689대로 가장 높으며, 캄보디아가 0.002대로 가장 적은 실정이다.

〈표6-13〉 ASEAN 국가의 도로물류 지표(2002년 기준)

	인구 (천 명)	면적 (㎢)	1인당 GDP ($)	차량등록대수 (대)	도로연장 (㎞)	국토면적당 도로연장 (1/km)	인구당 차량대수 (대/명)	수출품	수입품
브루나이	348	5,765	13,793	239,601	2,570	0.446	0.689	원유/가스	쌀, 건설자재
캄보디아	12,000	181,035	285	27,101	35,719	0.197	0.002	섬유, 신발	가솔린, 산업장비, 건설자재
인도네시아	212,003	1,890,754	844	22,985,793	336,323	0.178	0.108	섬유, 농산물, 비료, 목재	원자재, 광물, 화학품, 기계류
라오스	5,921	236,800	310	53,074	31,210	0.132	0.009	전기, 섬유, 목재	가솔린, 기계류, 소비재
말레이시아	24,527	330,252	10,199	11,975,641	73,403	0.222	0.488	전기전자, 목재, 원유, 고무	부품 등 중간재
미얀마	52,000	676,578	194	461,692	90,713	0.134	0.009	목재, 가스, 수산물	식용유, 전자부품, 차량
필리핀	80,731	300,000	985	4,292,272	202,000	0.673	0.053	전자, 통신, 기계류	원재료, 중간재, 소비재, 연료
싱가포르	4,185	697	21,825	711,043	3,149	4.518	0.170	조립품	기계류, 원유
태국	62,800	513,120	2,226	26,378,862	249,243	0.486	0.420	컴퓨터, 고무, 차량, 플라스틱	자본재, 중간재, 소배재, 원자재
베트남	79,800	330,991	434	632,825	221,115	0.668	0.008	원유, 수산품, 쌀	기계류, 석유제품, 비료

자료: 한국교통연구원, 2006

동남아시아에서는 세계의 다른 지역보다 국가 간 도로망 연결을 위한 개발 사업이 활발히 이루어지고 있다. 그 대표적인 예로는 Asian Highway, ASEAN Highway, GMS(Greater Mekong Subregion) Economic Corridor가 있다.

〈그림6-7〉 아세안 도로망(ASEAN Highway Network)

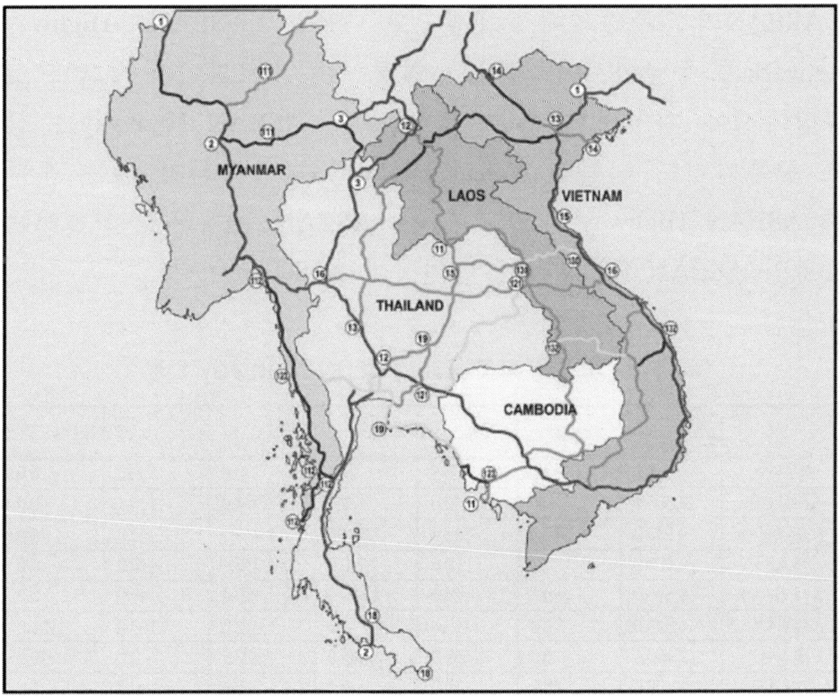

자료: 한국교통연구원, 2006

(1) Asian Highway

Asian Highway Network는 동남아시아, 한국이 포함된 동북아시아, 중앙아시아, 남부아시아, 서남아시아 지역 등 전체 아시아를 연결하는 도로망 개발 사업으로서 UNESCAP(UN 아시아 · 태평양 경제사회이사회)가 주관하여 추진하고 있다. Asian Highway는 총연장이 130,000km에 이르며 30여개 아시아 국가를 서로 연결하면서 아시아와 유럽을 연결시킨다.

(2) ASEAN Highway Network

ASEAN의 주관하에 개발되고 있는 ASEAN Highway Network는 동남아시아 국가를 연결하는 도로망이다. 그러므로 동남아시아 지역에서 Asian Highway와 ASEAN Highway는 상호 중복되기도 하는데, Asian Highway와 중복되지 않는 순수한 ASEAN Highway 구간도 있다. ASEAN 10개국을 연결하는 도로인 ASEAN Highway는 총연장이 36,500km이다.

〈표6-14〉 국가별, 도로등급별 ASEAN Highway 연장

국가	(km)	Primary	Class I	Class II	Class III	Class III 미만	단절구간
브루나이	168.0	62.0	8.5	97.5	0.0	0.0	0.0
캄보디아	1,506.5	0.0	0.0	371.6	994.9	140.1	0.0
인도네시아	9,239.0	344.0	546.0	2,518.0	4,469.0	1,362.0	0.0
라오스	2,956.0	0.0	0.0	0.0	2,336.0	620.0	0.0
말레이시아	4,410.9	1,060.3	74.0	1,847.6	1,389.0	40.0	0.0
미얀마	4,543.0	0.0	147.0	0.0	1,032.0	3,163.0	201.0
필리핀	2,983.0	0.0	469.0	637.0	1,877.0	0.0	0.0
싱가포르	38.0	28.0	10.0	0.0	0.0	0.0	0.0
태국	6,692.5	350.1	4,579.2	1,322.3	424.9	16.0	0.0
베트남	4,532.0	0.0	419.0	2,441.0	355.0	1,317.0	0.0
계 (%)	37,068.9 (100)	1,844.4 (5.0)	6,252.7 (16.9)	9,235.0 (24.9)	12,877.8 (34.7)	6,658.1 (18.0)	201.0 (0.5)

자료: 한국교통연구원, 2006

〈그림6-8〉 GMS(Greater Mekong Subregion) Economic Corridor 개발사업

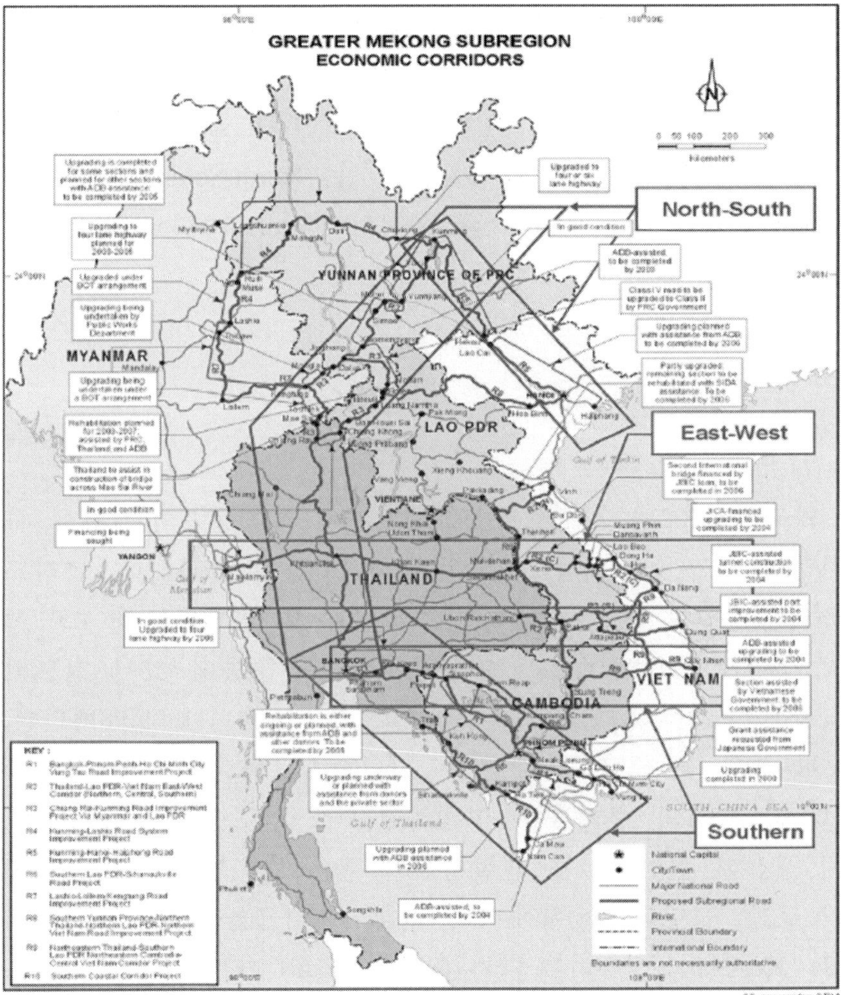

자료: 한국교통연구원, 2006

(3) GMS(Greater Mekong Subregion)

GMS Economic Corridor 개발 사업은 ADB (아시아개발은행)가 주관하면서 인도차이나 반도에 속한 캄보디아, 라오스, 미얀마, 베트남, 태국 및 이들 국가와 인접한 중국의 연난(Yunnan) 지역을 대상으로 하고 있다. 효과적인 도로개발을 위하여 GMS Economic Corridor 개발 사업에서는 North-South, East-West, Southern Economic Corridor를 지정하여 Corridor별로 도로개발 사업을 추진하고 있다.

2) 철도

(1) 태국

태국은 2002년 기준으로 도로가 전체 화물운송의 86%를 차지하고 있는 반면, 철도의 분담률은 1.7%에 불과하다. 그리고 국가 간 운송 분담에 있어서도 해운이 90.6%, 도로가 4.5%이지만 철도는 0.8% 정도 수준이어서 화물운송에 있어 철도의 역할은 크지 않다. 그렇지만 철도는 2004년에 13.8백만톤, 4,085백만 톤-키로의 수송을 감당함으로써 전년대비 각각 21.1%, 2.5%의 증가율을 기록하였는데, 철도수송실적이 이렇게 개선된 원인으로는 건설경기의 활성화에 따른 시멘트운송의 증가, 클랑(Klang)항에서의 컨테이너취급물량 증대, 사코시(Sa KosiNarai), 수라트 타니(Surat Thani), 타루노이(Tha Rua Noi) 터미널에서의 컨테이너 취급물량 증대를 꼽을 수 있다. 그렇지만 화차의 대수는 2000년도의 8,016대에서 2004년 6,900대로 감소하였으며, 기관차도 2000년도의 301대에서 283

대로 오히려 감소하였다.

〈표6-15〉 태국의 철도화물 수송실적

단위 : 백만

구분		2000	2001	2002	2003	2004
화물운송실적	톤	9.8	9.7	9.9	11.4	13.8
	톤-키로	3,422	3,766	3,898	3,987	4,085

자료: 태국 철도청, 2005

철도의 주요 취급품목으로는 컨테이너가 60%가량을 차지하고 있는데, 이는 방콕지역과 라엠차방(Laem Chabang)항을 연결하는 동부지역의 교통수요 증대가 주요 원인이라고 할 수 있으며, 라엠차방항에서 처리하는 컨테이너의 약 30%가량이 철도를 통하여 운송되고 있다.

〈표6-16〉 태국의 철도 주요 운송 품목

단위 : 천톤

품목	2003	2004
원유	1,209.0	1,144.0
석유제품	1,453.0	1,378.0
벌크 시멘트	1,575.0	1,579.0
컨테이너	5,769.0	8,188.0
기타	1,451.0	1,485.0
합계	11,457.0	13,774.0

자료 : 태국 철도청, 2005

태국의 철도연장은 4,071km로서 최근에 변화가 없었지만 철도노선의 건설 및 기존선 개량계획을 적극적으로 추진하고 있는 실정이다. 북부의 덴차이(Den Chai)~치앙라이(Chiang Rai)의 245km 구간, 태국 남부의 수라트 타니(Surat Thani)~팡가

(Phangnga)의 163km 구간, 태국 동부의 마타푸트(Mab Ta Phut) ~ 라용(Rayong)의 24km 구간, 태국 북동부의 부아야이(Bua Yai) ~ 낙혼파놈(Nakhon Phanom)의 368km 구간에 대하여 철도노선신설을 계획하고 있다. 더불어 남동부 해안지역인 낙혼시 타마라트 (Nakhon Si Thammarat)와 남서부 해안지역인 팡나(Phangna)지역을 연결하는 130km 구간의 철도노선의 건설을 추진하고 있는데, 완공될 경우 극동아시아와 서아시아간의 해상거리가 1,000km 가량 단축될 것으로 보인다. 그리고 미얀마의 탄부자야트(Thanbyuzayat)와 태국 남톡(Nam Tok)의 263km 구간을 연결하는 노선 신설도 검토 중인데, 이 노선이 건설되면 태국과 미얀마 간 상당량의 해상화물이 철도를 통해 수송될 것으로 전망된다.

태국과 말레이시아 간에는 일주일에 4회의 화물열차가 운행되고 있는데, 운행구간은 태국의 방콕~파당베사(Padang Besar, 국경역)~페낭(Penang)~아이포취(Ipoch, 컨테이너 터미널)~콸라룸푸르~클랑(Klang)항까지이며, 국경역에서 화물을 환적하지 않는 직통열차가 운행되고 있다. 더구나 화물의 경우에는 국경통과시 통관검사 없이 운행하여 국경에서의 지체시간을 최소화하여 효율을 높이고 있다. 말레이시아의 파당베사를 국경역으로 공동으로 사용하고 있는데, 역 유지보수 및 개량비용은 양국이 균등하게 부담한다. 여객열차의 경우에 직통열차운임수입은 열차소유국가가 가지며 선로사용료를 상대국가에 지불하고, 화물열차의 경우에는 열차 소유국가가 운임을 징수하고 각국의 운행거리에 비례하여 국가 간에 운임을 분배한다. 2005년의 경우 약 635,000톤이 철도를 통하여 운송되었는데, 태국에서 말레이시아로 이동한 물량이 약 372,000톤에 이르렀다. 현실적으로 철도화물 이용수요는 많으나 열차 및 화차의 부족 때문에 처리 물량의 전부 소화하지 못하고 있는 실정이다.

〈표6-17〉 태국~말레이시아 간 철도화물 운송현황

단위 : 톤

구분	2001	2002	2003	2004	2005
태국→말레이시아	436,644	464,333	400,761	452,721	372,330
말레이시아→태국	247,531	271,131	178,699	284,074	263,865

자료 : 태국 철도청, 2006

(2) 미얀마

미얀마 철도의 간선축은 수도 양곤과 제2의 도시인 만델레이(Mandelay)를 연결하는 619km구간이다. 2003년 기준으로 9.3백만톤의 국내 화물 중, 내륙수로와 철도의 분담률이 톤기준으로 각각 45%와 37%로서 철도의 역할이 큰 것으로 나타났다. 더구나 톤-키로 기준으로 보면, 철도의 분담률은 약 55%에 달하였다. 그러나 2004년도에는 2.9백만톤의 화물을 운송했는데, 이는 전년도에 비하여 15%나 감소한 실적으로서 시설의 노후화 등으로 타 수단에 비하여 경쟁력이 저하가 원인으로 작용하였다. 예를 들어 주요 구간의 화물열차 운행속도는 20~30km/h에 지나지 않는다. 철도화물의 취급 품목으로는 군용품, 정부물품, 소포가 주종을 이루고 있다. 철도연장은 매년 30km 가량 증가하고 있는 실정이며, 화물차량은 1999년의 3,657대에서 2003년 2,969대로 오히려 감소하였고, 기관차의 숫자는 330대로 큰 변동이 없다. 최근에 미얀마 남부의 예

(Ye)~타보이(Tavoy) 간의 102km 구간이 건설되었다.

〈표6-18〉 미얀마 철도 주요 운송 품목

단위 : 천톤

품목	2000	2001	2002	2003	2004
목재	257.3	305.3	282.7	258.7	245.6
쌀 & 쌀제품	214.0	192.6	176.6	170.6	127.4
암석	255.4	350.8	316.3	246.1	161.0
광산물	106.8	108.7	118.9	121.2	98.1
군용품	766.3	771.3	740.1	704.5	449.6
정부물품	789.4	710.2	613.5	614.7	829.1
소포	724.4	838.2	942.3	1,059.7	734.6
기타	329.7	330.6	301.8	321.7	277.7
합계	3,443.2	3,607.8	3,492.0	3,497.1	2,923.0

자료 : 미얀마 철도청, 2005

철도분담률을 증대시키기 위한 방안으로서는 시설개량은 물론 철도운영 방법도 개선되어야 한다. 그리고 철도인입선 건설 등을 통해 철도의 접근성을 개선시켜서, 국가 간 컨테이너 운송의 대부분을 차지하는 양곤항의 철도분담률을 높여야 할 것이다.

(3) 말레이시아

말레이시아의 철도연장은 1,699km이며, 화물운송실적은 2000년도 기준 5.5백만톤으로 전년 대비 약 100% 증가하였지만, 톤키로 기준으로 보면 916백만 톤키로로서 1%의 증가에 그쳤고, 시멘트, 연료, 석고, 백운석 등 주요 취급품목이다. 가장 빠르게 성장하는 품목은 컨테이너 화물이며, 주 수입원이기도 한데, 태국-말레이시아 간의 국제철도를 통하여 양국 간의 컨테이너 교역이 활발하게 이루어지고 있다. Bangkok-Klang항 간의 컨테이너열차가 일주일에 2회 운행되고 있는데, 소요시간은 60시간 이다. 펠라바우한(Pelabauhan)과 탄정펠레바스(Tanjung Pelebas)항 간의 31.5km 노선이 2002년도에 건설되었고, 버터워스(Butterworth)와 항구 터미널 간의 인입선 건설도 계획하고 다. 그리고 전철화, 복선화 등의 철도개량사업을 추진하고 있는데, 아세안 국가 간 철도망연결사업과 연계하여 진행하고 있다. 그리고 인도네시아에서 태국으로 해운으로 운송할 경우에는 싱가포르항에서 환적되고 있지만, 철도의 운임경쟁력이 높아진다면 철도를 이용한 수송도 고려해 볼만 하다. 즉 운송시간측면에서 철도가 해운에 비하여 경쟁력이 있다고 하겠으나, 해운업체간의 운임인하경쟁 결과 운임측면에서 철도의 경쟁력 확보가 관건이다.

(4) 베트남

베트남의 철도 운영회사는 호치민, 하노이, 다낭(Da Nang)의 세 개 지역으로 분리되어 독자적으로 운영하고 있다. 7개의 주요 축으로 구성된 베트남 철도네트워크는 연장이 2,666km에 이르며, 1000mm 협궤가 전체의 85%를 차지하고, 표준궤가 7%, 혼합궤(표준궤+협궤)가 8%를 차지하고 있다. 화물수송실적을 보면 1999년 5.03백만톤에서 2004년의 8.9백만톤으로 증가함으로서 철도의 화물수송분담율이 3.6%에서 4.2%로 증가하였다. 그러나 화물열차의 평균 운행속도는 20km/h 수준이며, 400대의 기관차와 4,260대의 화차가 있다.

동북지역의 동당(Dong Dang)에서 중국의 광시(Guangxi)지역 간에 철도가 운행되고 있으나, 궤간의 차이로 인하여 국경에서 환적이 필요하다. 그리고 협궤구간인 하이퐁(Haiphong)항~라오카이(Lao Cai)구간을 통한 중국과의 열차운행이 가능하다. 뉴질랜드 회사와 합작으로 하노이-하이퐁항 간의 철도서비스를 제공하고 있는데, 하이퐁항 부두에 철도터미널을 건설함으로써 일일 3회의 컨테이너 열차를 운행하게 되었다.

〈표6-19〉 베트남 철도 화물운송현황

단위 : 천

구분		1998	1999	2000	2001	2002
화물운송 실적	톤	4,883	5,033	6,139	6,336	6,934
	톤키로	1,323,481	1,397,467	1,901,461	1,999,947	2,334,334

자료 : 베트남 철도청, 2006

베트남은 철도의 화물수송 분담율을 25~30% 수준까지 끌어올리는 동시에 화물열차의 속도를 80km/h까지 증대시킬 목표를 가지고 있다. 특히 호치민-하노이 구간에 표준궤의 신선을 건설함으로써 1,726km에 달하는 이 노선의 목표 운행시간을 10시간으로 축소하려고 있다. 비록 주간선축인 베트남-하노이간 단선철도노선의 경우, 경쟁수단인 연안해운의 신속, 저렴, 다빈도 서비스제공으로 인해 화물수송이 상대적으로 적은 편이지만, 신선건설사업이 실현될 경우 철도 화물운송이 두각을 나타낼 것으로 전망된다.

(5) 캄보디아

캄보디아 철도는 프놈펜-시소폰의 339km 구간과 프놈펜과 캄보디아 유일의 항구인 콤퐁솜(Kompong Som)항을 연결하는 263km 노선으로 구성되며, 총 철도연장은 602km이다. 그리고 베트남과의 철도연결을 위해 프놈펜-아라냐프라테트(Aranyaprathet, 베트남 국경지역) 노선을 계획하고 있다. 화물수송실적을 보면 1998년 0.294백만 톤으로 전년도의 0.170백만 톤에서 크게 증가하였고, 톤-키로의 경우 36.1백만 톤키로에서 75.7백만 톤-키로로 늘어났다. 프놈펜~콤퐁솜항 간 철도개량사업을 추진하고 있는데, 철도경쟁력 강화를 위한 중요 사업이며, 이 구간을 연결하는 국도 4번의 개량사업도 진행 중이다. 태국과의 철도연결이 이루어지면 중소규모 물량을 태국이나 말레이시아까지 철도로 운송할 수 있을 것이다.

(6) 인도네시아

인도네시아의 철도연장은 6,458km인데 그 중 125km 구간이 전철화 구간이다. 두 가지 형태의 협궤(1,067mm, 750mm) 시스템인데, 자바섬이 1,067mm, 수마트라섬이 750mm 궤간이고 연장은 각각 5,961km, 497km이다. 철도화물운송실적을 보면 1982년의 800백만 톤키로에서 1993년에는 40억 톤키로로 증가하였다. 특히 항구와 연결하여 취급하는 철도의 물량이 24,000TEU에 이르는데 과거의 물량에 비하여 획기적으로 증가하였다.

(7) 필리핀

필리핀의 철도연장은 897km인데, 궤간은 1,067mm이며, 마닐라 북쪽지역의 철도는 시설이 열악한 관계로 실제로 운행되지 않고 있고, 남쪽지역의 철도 492km가 운행되고 있는 실정이다. 철도화물운송실적은 1992년에 5,000톤, 0.9백만 톤키로이며, 1995년에는 14,000톤, 3.9백만 톤키로를 달성하였다. 마닐라항만청은 철도 컨테이너 운송 서비스를 항구에서 45km 떨어진 산타로사(Santa Rosa) 인근의 터미널까지 1997년부터 제공하고 있다.

저자 소개

· 장태구

대구대학교 경제학과 교수

동북아정보물류연구소장

· 박희대

대구대학교 경제경영연구소 연구원

아시아물류서비스 : 분석과 전망

편낸날 — 2008년 3월 3일
저 자 — 장 태 구 · 박 희 대
펴낸이 — 이 용 두
펴낸곳 — 대구대학교출판부
주소 — 경북 경산시 진량읍 내리리 15번지
전화 — (053)850-5661~4
팩스 — (053)850-5669
등록번호 — 경산 제11호
찍은곳 — 남경기획

정가 9,000원

ISBN 978-89-7794-437-4-93320

대구대학교출판부의 책은 홈페이지에서도 구매할 수 있습니다.
http://dubookstore.daegu.ac.kr/